U0035774

思想觀念的帶動者

文化現象的觀察者

本土經驗的整理者

生命故事的關懷者

Mental Health

黑暗來襲，風暴狂飆，讓生命承載著脆弱與艱辛

猶如汪洋中一塊浮木，飄向無盡混沌迷霧

勇敢接受生命中的不完美，視為珍寶禮物

懷著信心、希望與愛，重燃生命，點亮靈魂！

快樂童年好EQ

著——商志雍

培養開朗自信的孩子

放鬆的父母養出快樂的小孩，
學會陪伴、溝通和管教的原則，不再為孩子的行為傷腦筋！

臺大醫師到我家
MentalHealth (007)
精神健康系列

總策畫　高淑芬
主編　　王浩威、陳錫中
合作單位　國立臺灣大學醫學院附設醫院精神醫學部
贊助單位　財團法人華人心理治療研究發展基金會

【總序】

視病如親的具體實踐

高淑芬

　　我於2009年8月，承接胡海國教授留下的重責大任，擔任臺大醫學院精神科、醫院精神醫學部主任，當時我期許自己每年和本部同仁共同完成一件事，而過去四年已完成兩次國際醫院評鑑（JCI），國內新制醫院評鑑，整理歷屆主任、教授、主治醫師、住院醫師、代訓醫師於會議室的科友牆，近兩年來另一件重要計畫是策劃由本部所有的主治醫師親自以個人的臨床經驗、專業知識，針對特定精神科疾病或主題，撰寫供大眾閱讀的精神健康保健叢書，歷經策劃兩年，逐步付梓，從2013年8月底開始陸續出書，預計2014年底，在三年內完成全系列十七本書。

　　雖然國內並無最近的精神疾病盛行率資料，但是由世界各國精神疾病的盛行率（約10～50%）看來，目前各

種精神疾病的盛行率相當高，也反映出維持精神健康的醫療需求量和目前所能提供的資源是有落差。隨著全球經濟不景氣，臺灣遭受內外主客觀環境的壓力，不僅個人身心狀況變差、與人互動不良，對事情的解讀較為負面，即使沒有嚴重到發展為精神疾病，但其思考、情緒、行為的問題，可能已達到需要尋求心理諮商的程度。因此，在忙碌競爭的現代生活，以及有限的資源之下，這一系列由臨床經驗豐富的精神科醫師主筆的專書，就像在診間、心理諮商或治療時，可以提供國人正確的知識及自助助人的技巧，以減少在徬徨無助的時候，漫無目的地瀏覽網頁、尋求偏方，徒增困擾，並可因個人問題不同，而選擇不同主題的書籍。

即使是規律接受治療的病人或家屬，受到看診的時間、場合限制，或是無法記得診療內容，當感到無助灰心時，這一【臺大醫師到我家‧精神健康系列】叢書，就像聽到自己的醫師親自告訴你為什麼你會有困擾、你該怎麼辦？透過淺顯易懂的文字，轉化成字字句句關心叮嚀的話語，陪伴你度過害怕不安的時候，這一系列易讀好看的叢書，不僅可以解除你的困惑，更如同醫師隨時隨地溫馨的叮嚀與陪伴。

　　此系列叢書最大的特色是國內第一次全部由臺大主治醫師主筆，不同於坊間常見的翻譯書籍，不僅涵蓋主要的精神疾病，包括自閉症、注意力不足過動症、早期的精神分裂症、焦慮症、失智症、社交焦慮症，也討論現代社會關心的主題，例如網路成癮、失眠、自殺、飲食、兒童的情緒問題，最後更包括一些新穎的主題，例如親子關係、不想上學、司法鑑定、壓力處理、精神醫學與遺傳基因。本系列叢書也突顯臺大醫療團隊的共同價值觀——以病人為中心的醫療，和團隊合作精神——只要我們覺得該做的，必會團結合作共同達成；每位醫師對各種精神疾病均有豐富的臨床經驗，在決定撰寫主題時，大家也迅速地達成共識、一拍即合，立即分頭進行，無不希望盡快完成。由於是系列叢書，所以封面、形式和書寫風格也需同步調整修飾，大家的默契極優，竟然可以在忙於繁重的臨床、教學、研究及國際醫院評鑑之時，順利地完成一本本的書，實在令人難以想像，我們都做到了。

　　完成這一系列叢書，不僅要為十七位作者喝采，我更要代表臺大醫院精神部，感謝心靈工坊的總編輯王桂花女士及其強大的編輯團隊、王浩威及陳錫中醫師辛苦地執行編輯和策劃，沒有他們的耐心、專業、優質的溝通技巧及

時間管理，這一系列叢書應該是很難如期付梓。

　　人生在世，不如意十之八九，遇到壓力、挫折是常態，身心健康的「心」常遭到忽略，而得不到足夠的了解和適當的照顧。唯有精神健康、心智成熟才能享受快樂的人生，臺大精神科關心病人，更希望以嚴謹專業的態度診療病人。此系列書籍正是為了提供大眾更普及的精神健康照護而產生的！協助社會大眾的自我了解、回答困惑、增加挫折忍受度及問題解決能力，不論是關心自己、孩子、學生、朋友、父母或配偶的身心健康，或是對於專業人士，這絕對是你不可或缺、自助助人、淺顯易懂、最生活化的身心保健叢書。

【主編序】

本土專業書籍的新里程

王浩威、陳錫中

　　現代人面對著許多心身壓力的困擾，從兒童、青少年、上班族到退休人士，不同生命階段的各種心身疾患和心理問題不斷升高。雖然，在尋求協助的過程，精神醫學的專業已日漸受到重視，而網路和傳統媒體也十分發達，但相關知識還是十分片斷甚至不盡符實，絕大多數人在就醫之前經常多走了許多冤枉路。市面上偶爾有少數的心理健康書籍，但又以翻譯居多，即使提供非常完整的資訊，卻也往往忽略國情和本土文化的特性和需求，讀友一書在手，可能難以派上實際用途。

　　過去，在八〇年代，衛生署和其他相關的政府單位，基於衛生教育的立場，也曾陸續編了不少小冊式的宣傳品。然而，一來小冊式的內容，不足以滿足現代人的需

要：二來，這些政府印刷品本身只能透過分送，一旦分送完畢也就不容易獲得，效果也就十分短暫了。

於是整合本土醫師的豐富經驗，將其轉化成實用易懂的叢書內容，成為一群人的理想。這樣陳義甚高的理想，幸虧有了高淑芬教授的高瞻遠矚，在她的帶領與指揮下，讓這一件「對」的事，有了「對」的成果：【臺大醫師到我家‧精神健康系列】。

臺大醫院精神醫學部臥虎藏龍，每位醫師各有特色，但在基本的態度上，如何秉持人本的精神來實踐臨床的工作是十分一致的。醫師們平時為患者所做的民眾衛教或是回應診間、床邊患者或家屬提問問題時的口吻與內容，恰好就是本書系所需要的內涵：儘可能的輕鬆、幽默、易懂、溫暖，以患者與家屬的角度切入問題。

很多人都是生了病，才會積極尋求相關資訊；而在尋尋覓覓的過程中，又往往聽信權威，把生病時期的主權交託給大醫院、名醫師。如果你也是這樣的求醫模式，這套書是專為你設計：十七種主題，案例豐富，求診過程栩實，醫學知識完整不艱澀，仿如醫師走出診間，為你詳細解說症狀、分享療癒之道。

編著科普類的大眾叢書，對於身處醫學中心的醫師們

而言，所付出的心力與時間其實是不亞於鑽研於實驗室或科學論文，而且出書過程比預期的更耗工又費時，但為了推廣現代人不可不知的心身保健的衛教資訊，這努力是值得的。我們相信這套書將促進社會整體對心身健康的完整了解，也將為關心精神健康或正為精神疾患所苦的人們帶來莫大助益。

這樣的工作之所以困難，不只是對這些臺大醫師是新的挑戰，對華文的出版世界也是全新的經驗。專業人員和書寫工作者，這兩者角色如何適當地結合，在英文世界是行之有年的傳統，但在華文世界一直是闕如的，也因此在專業書籍上，包括各種的科普讀物，華人世界的市面上可以看到的，可以說九成以上都是仰賴翻譯的。對這樣書寫的專門知識的累積，讓中文專業書籍的出版越來越成熟也愈容易，也許也是這一套書間接的貢獻吧！

這一切的工程，從初期預估的九個月，到最後是三年才完成，可以看出其中的困難。然而，這個不容易的挑戰之所以能夠完成，是承蒙許多人的幫忙：臺大醫院健康教育中心在系列演講上的支持，以及廖碧媚護理師熱心地協助系列演講的籌劃與進行；也感謝心靈工坊莊慧秋等人所召集的專業團隊，每個人不計較不成比例的報酬，願意投

入這挑戰；特別要感謝不願具名的黃先生和林小姐，沒有他們對心理衛生大眾教育的認同及大力支持，也就沒有這套書的完成。

這是一個不容易的開端，卻是讓人興奮的起跑點，相信未來會有更多更成熟的成果，讓醫病兩端都更加獲益。

【自序】

愛，是世界上 最沒有效率的事

商志雍

世界上最沒有效率的事情是什麼？愛！

強調N倍速的時代，大家總是希望越快越有效率地達成目標越好。「沒有效率」對現代人而言，好像是有罪惡感又令人喪氣的事，尤其是設定了目標卻無法快速達到時。然而，人際互動、人際關係的過程，卻是最沒有效率的事情，尤其是「愛」。

我們沒法說，我要愛一個人，然後就設定好目標，投資一百分的心力，對方要在五年內回報我，而且要具體看到這些回報。因為「愛」是無法如此評估的。

教養孩子也是同樣的道理。「愛孩子」是最沒有效率的事；父母無法預期孩子的回報。雖然父母對孩子好一分，未必將來孩子也會對父母回報一分。不過，倒是可以

預期「如果零到六歲，父母沒有花時間陪孩子，六到十二歲，父母就要花兩倍的時間和孩子建立關係。如果六到十二歲，父母還是沒有時間陪孩子，十二到十八歲，父母得要花四倍的時間和孩子建立關係。如果十二到十八歲，父母依舊沒有時間陪孩子，十八歲以後，這個孩子就不是你的了。」

孩子越大自主性越強，越不容易和他建立親密關係。越早花時間陪孩子，也就越容易建立關係，而很多教養上的問題，都需要在親密互信的親子關係中才能獲得改善。教養孩子的過程，最核心的概念就是花時間跟孩子在一起。我們都需要一再地提醒自己：「愛」真的是世界上最沒有效率的事情。

天下的父母都是愛孩子的，也都很願意花時間陪孩子成長，希望孩子在父母的細心呵護下，內在能有健康正面的自我形象，外在有循規蹈矩的行為表現。本書第一章到第四章，就是談如何幫助孩子建立樂觀積極的自我形象，第五到第八章則是談如何培養孩子遵守規範的好習慣。期盼本書能在這件「世界上最沒有效率」的事情上，助您一臂之力。

目　錄

【前言】

別讓小天使變小搗蛋

　　幾乎每個孩子都是在父母期待下誕生的小天使。看著孩子一天天成長，父母心中總是充滿著許多驚奇與喜悅。

　　然而，每個小天使都是擁有自由意志的獨立個體，當孩子慢慢長大，意見也越來越多，開始會表達跟父母不一樣的喜好、品味、期望和習慣，不再處處聽從指示，甚至還會繃起小小的臉龐，固執地反抗。原來，「小天使」也會變身為「小搗蛋」，讓父母頭痛萬分。

　　上一代的父母通常比較權威，對孩子的要求很簡單，就是乖巧聽話，最好「有耳嘸嘴」。現代的父母比較願意用民主和尊重的方式，希望跟孩子講道理，盡量不要採取打罵教育。問題是，當孩子的行為表現不佳，卻又屢勸不聽時，就大大考驗現代父母的管教耐心和智慧了。

　　讓我們先來看看幾個常見的例子，並且想一想，如果你是案例中的父母，你該怎麼辦？

【案例一】

堅持要買玩具的美美

小學三年級的美美非常想要一棟芭比娃娃屋，哀求了媽媽好多次，但是她的玩具真的太多了，媽媽不肯答應，美美氣呼呼地對媽媽大叫：「你好小氣，我同學的媽媽都買給她。妳都不愛我！」媽媽聽了啼笑皆非。

媽媽不捨得讓美美太失望，於是和美美約定，如果月考達到某個成績，就買芭比娃娃屋當做獎勵。不幸的是，美美的考試成績一直未達要求，因此，不管美美如何哀求哭鬧，媽媽始終堅守原則。

但是，每次看到美美臉上那種傷心又生氣的表情，媽媽心裡也難免動搖：「我應該堅守原則嗎？我會不會太嚴格、太不通情理？讓孩子這麼失望，會不會傷害到她的小小心靈呢？」

【案例二】

不肯好好吃飯的小明

六歲的小明非常活潑好動，每次吃飯都不肯好好坐下來吃，阿嬤喊破了喉嚨，他還是跑來跑去，東玩西玩，甚至讓阿嬤拿著飯菜追著餵。有時吃頓飯要耗費一、兩個鐘頭，阿嬤被他弄得筋疲力竭，無計可施。

終於有一天，全家吃飯時，爸爸忍不住發火，揍了小明：「你這孩子，阿嬤叫你乖乖吃飯，怎麼都不聽話！」小明嚇到了，放聲大哭，阿嬤趕忙來打圓場。

爸爸發完脾氣也很後悔，覺得自己太兇了，於是又去抱抱小明，溫柔地說：「你以後乖乖吃飯，爸爸就不會罵你，也不會打你了。」

那麼，以後小明是否會記取教訓，乖乖吃飯呢？如果小明下次又故態復萌，爸爸應該要扮演「嚴父」還是「慈父」，才比較適當和有效？

【案例三】

在公共場合耍賴的嘉嘉

帶著五歲女兒嘉嘉逛大賣場，原本是全家人最喜歡的假日休閒活動，結果卻總是演變成親子對峙的尷尬局面。

每次採購完一週的日常用品，走出結帳區，嘉嘉一看到電動玩具車，就會吵嚷著要玩。媽媽太了解她一玩就不肯走，趕緊先約法三章：「先說好，只能玩一次喔，爸爸等著開車載我們回家了！」但心裡卻知道不妙：怎麼可能只玩一次……

果然，嘉嘉又賴在電動玩具車上不肯下來。媽媽讓她投幣玩了兩、三回，開始催促：「時間到了，要回家嘍！」嘉嘉根本不聽，吵著要繼續玩，要媽媽繼續投幣，不然就放聲大哭。媽媽不想讓女兒在公共場合哭鬧，只好再次妥協，一面投幣一面告訴她：「這是最後一次囉。」

當電動車再次停止，嘉嘉還是耍賴不走。母女僵持不下，媽媽好話說盡，終於心一橫，警告嘉嘉：「我們下次再來玩！如果你再不下來，數到三，媽媽就要先走，不管你了。」

　　嘉嘉沒有理會媽媽的警告，還是哭鬧著。大聲數完「一、二、三」之後，媽媽該怎麼辦呢？走還是不走？她真的可以轉身大步離開，讓五歲的孩子害怕驚嚇嗎？還是該展現鐵腕，硬把孩子拉走，不要理會她的哭泣尖叫呢？

　　上述三個例子，經常在許多家庭中上演著，相信大家都不覺得陌生。如果你的家裡也有一個讓人頭痛、管不動的小搗蛋，你會怎麼做？你覺得最實際可行的管教方式又是什麼呢？

　　事實上，可愛的小天使之所以會變成調皮的小搗蛋，多半都是有跡可尋的。

　　孩子在成長的過程中，不斷地學習各種規則。如果父母在日常生活中，經常提供不恰當或不一致的訊息，孩子很可能就會養成不良的生活習慣。這時候父母若生氣責備，將會讓孩子感到困惑，無所適從，因而產生情緒困擾，甚至引發親子衝突。

　　換句話說，孩子是父母的一面鏡子。從孩子的行為，可以幫助父母發現自己管教上的盲點。當孩子還小的時

候，趕快進行修正，孩子的學習力很強，很快就會重新建立正確的好習慣，不再讓父母煩惱。

那麼，父母要如何做，才可以塑造良好的家庭規則，讓孩子學會自我負責、自我管理，從小培養好EQ呢？

我認為，在教養孩子的過程中，最重要的一件事，就是要幫助孩子建立正向的自我形象，讓孩子知道自己是有價值的、是被愛的、是有能力面對挑戰的。當孩子擁有充分的自信心和安全感，就不需要以吵鬧表達情緒、以搗蛋來吸引父母注意、以要賴來換取欲望的滿足，親子之間自然減少許多衝突和難題。

其次，管教是有方法的。身為父母，千萬不要變成嘮叨一族，整天跟在孩子身邊耳提面命，這樣效果很有限。聰明的父母要讓孩子自動自發，以努力來獲得成就感，作為孩子自己的獎賞。如此一來，親子關係就不會劍拔弩張，而是一段親密甜美的成長旅程。

《快樂童年好EQ》的內容就包含這兩個部分。希望這本小書可以陪伴爸爸媽媽，放下憂慮，敞開心懷，跟孩子一起享受快樂童年，這也是送給孩子最棒的禮物！

【第一章】

奠定孩子良好的自我形象

幫助孩子建立良好的自我形象，
孩子快樂好EQ，父母管教沒煩惱。

「小寶貝，媽咪好愛你！」、「你真是太棒了！爸爸為妳拍拍手！」、「你真笨耶！怎麼教都教不會。」、「你要乖乖聽話，媽咪才會愛你！」、「女孩子意見這麼多，長大以後會嫁不出去。」……

身為父母的你，是否曾經留意過，自己是如何跟孩子說話？你是否曾經想過，自己無意間所說出的話語，是如何影響了孩子的人格發展？

自我形象：孩子對自己的評價與看法

父母跟孩子的關係非常密切。從孩子出生的那一刻起，父母的言語和行為，都一點一滴影響著孩子的成長，其中最重要的，是關於孩子的自我形象（self-image）。

「自我形象」是每個人對自己的評價和看法，以及對自己的感覺，認為自己是不是可愛的、有能力的、有價值的、有個人的特殊性、值得被愛和被尊重等等，也可以稱為「自尊」（self-esteem）。

一個擁有良好自我形象的孩子，通常有幾個特性：

一、瞭解自己的優點和弱點，對自己有健康、平衡的看法。

二、確認自己是有價值的，不會妄自菲薄。

三、對許多事情都抱持正向樂觀的看法。

四、在大多數情況下，都能夠喜歡自己，對自己感到滿意。

五、能夠設立具體且實際的目標，並且努力去達成。

許多研究指出，擁有良好自我形象的孩子，具有愉快的特質，對自己比較有信心，對別人也會抱持較正面的態度，在團體中與人相處融洽，比較不害怕困難，會勇敢面

對挑戰。而自我形象不佳的孩子，比較容易膽怯、自卑、害怕犯錯、對自己不滿意、擔心別人的批評、不敢嘗試新的事物。

自我形象的問題，從小就可以看出來。例如比較內向的孩子，容易表現出愛哭、退縮的行為，對外界缺乏安全感。要上幼稚園或進入小學時，面對新環境會感到害怕，甚至出現不願意上學的情況。而競爭性高的孩子，則可能會出現爭寵或吃醋的行為，尤其是看到父母對其他兄弟姊妹比較親近的時候，就會出現生氣或受傷的反應。

自我形象不好的孩子，對於人際互動比較敏感，缺乏安全感，因此當孩子行為舉止表現不好時，父母不能只處理表面的行為，比如對孩子說：「你不要那麼愛哭嘛！」、「不要什麼事情都爭來爭去！」這些口頭上的勸誡都是治標不治本的作法。因為根本的問題是孩子的「自我形象不夠良好」，所以要從改善自我形象做起，才是治本之道。

自我形象會影響孩子的一生，而童年是塑造自我形象的關鍵時期。一旦良好的自我形象確立了，孩子就會依據這個正向的形象去待人處事，擁有良好EQ，並帶來良好的人際互動，享受快樂的童年。

　　因此教養孩子的核心目標，就是透過親密的親子關係，建立孩子良好的「自我形象」。這也是身為父母最重要的任務。

醫｜學｜小｜常｜識

EQ（Emotional Quotient，情緒商數）

　　情緒商數是自我情緒控制的能力，也就是能夠覺察、了解、進而掌握自己的情緒表現。同時也包含對他人情緒的揣摩與理解、對人生的樂觀程度，以及面對挫折的承受力。這是從1990年代才開始受到重視的一種心理能力。

　　如果IQ反映出一個人的學習智商，可以預測學業成就；EQ則是一個人的情緒智商，可以預測未來的職業成就和人際關係。高EQ的人，因為能了解並掌握自己的情緒，適度調整自己的言行，也能同理他人的情緒，作出體貼或適切的回應，因此較受歡迎，容易跟人建立友善和親近的關係，人生的幸福感和滿意度通常較高。

社會價值影響孩子的自我形象

自我形象是如何形成的？父母該如何幫助孩子擁有健康正向的自我形象呢？

首先要注意的是，自我形象受到社會價值觀的影響很深，而且社會經常用外在標準來衡量一個人的內在價值。

在大家耳熟能詳的童話故事「白雪公主」中，皇后每天對著魔鏡問：「魔鏡！魔鏡！誰是世界上最漂亮的女人？」魔鏡總是回答：「白雪公主。」心有不甘的皇后便想用毒蘋果毒死白雪公主，讓自己再度成為世界上最漂亮的女人。

這類童話故事裡，最漂亮的白雪公主是好人，壞人總是不夠漂亮的那一個，心腸最壞的一定也長得醜。不只白雪公主如此，灰姑娘的故事也是，灰姑娘的姊姊長得比較醜，灰姑娘則是最漂亮，也是心地最善良的代表。醜小鴨長大後變成美麗的天鵝，才終於受到仰慕、不再被嘲笑。

雖然只是童話故事，但已經於無形中教育孩子「漂亮等於良善」、「醜陋就是壞蛋」的刻板觀念。孩子聽著這樣的故事長大，或多或少就學習到「漂亮才有人愛」的價值觀。長得漂亮的孩子比較容易擁有良好的自我形象，至

於外表平凡的孩子，要建立自信好像就比較困難。

　　父母在講童話故事給孩子聽時，應當留意故事中傳遞的訊息。收看電視新聞和廣告也一樣，社會上強力推崇有錢、漂亮、高大、苗條、聰明、競爭的形象，對於貧窮、平凡、瘦弱、肥胖、老實、內向害羞的孩子，往往加以貶抑和嘲諷，以致讓孩子將自己的內在價值與他的外表連結起來，如果不符合社會標準，就容易自卑、自我否定。這是父母應多加注意的。

醫師小叮嚀

父母要保護孩子不受偏差的社會價值標準影響，才能幫助孩子建立良好的自我形象。

透過父母的眼睛，孩子看見自己

當然，要建立孩子良好的自我形象，最重要的關鍵就是父母對待孩子的態度。許多針對親子關係的研究發現，如果父母對孩子的態度是接納的、關愛的、欣賞的、鼓勵的，孩子就容易表現出自信心、自制力、創造力和安全感。反之，如果父母的態度是拒絕的、冷漠的、苛責的、權威的，孩子的情緒比較不平穩定，容易出現反抗、攻擊和爭吵的行為。

孩子在成長的過程中，總是要透過父母的眼睛來看見自己──「父母是愛我的嗎？父母喜歡我嗎？」、「我是被重視、被欣賞的嗎？」、「我夠好嗎？我這樣做，父母會高興嗎？還是生氣呢？」、「我要怎樣做，才可以得到父母的注意和讚許？」……孩子每天在生活中，不斷地從父母的言行得到無數訊息，透過這些訊息，孩子一點一滴地在確認自己的價值。

孩子十分看重父母對自己的評價。當孩子感受到父母是愛我的、喜歡我的，孩子自然也會喜歡自己、愛自己、覺得自己有價值，並且信任這個世界，在成長過程中找到快樂。相反的，若是從父母口中總是得到不好的評價，孩

子就容易焦慮、挫折、自我懷疑，產生不安全感，看不見自己的存在與價值。

　　華人家庭的父母不太習慣讚美孩子、擁抱孩子，也不輕易對孩子說「我愛你」。尤其是上一輩的父母，通常比較權威，溝通方式經常是「父母說了算」，很多父母想要表達對孩子的關心，但是說出口的話卻完全走了樣，變成嫌東嫌西，原本是好意的叮嚀，結果卻引起孩子的誤解與反感。

　　例如明明是關心孩子，怕孩子感冒，講出口卻變成：「快把外套穿上！不然生病了我可不管你喔！」、「跟你說過幾次了，流汗的時候不要吹冷氣，為什麼老講不聽！你耳朵哪裡去了？」明明想要讚美孩子考試成績不錯，說出口的話卻變成：「一次考好不算什麼，下次還要更進步，像你哥哥一樣，每次都考第一名，知道嗎？」

　　更糟糕的是，父母可能不知不覺說出了很多否定性的言辭。譬如「你不要一直吃零食，這麼胖，很難看啊！」、「你房間像豬窩一樣，你想當一隻豬嗎？」、「你怎麼老是笨手笨腳的？」、「你這樣不聽話，去當別人家的小孩好啦！我不要你了！」……父母無心的話語，對孩子卻可能意義重大，大人的負面言詞很可能內化為孩

　　子看待自己的眼光。孩子如果一直在被否定的經驗下長大，久而久之，孩子就會形成負面的自我形象。

自我形象的三個層面

每個人都有追求他人關心注意的需求，特別是成長中的孩子。若孩子能在父母無條件的愛與關懷中成長，才能夠培養出良好的自我認知與自我形象。這是最有助於孩子成長的教養方式。

那麼，只要不斷誇獎孩子，就能提升孩子的自我形象嗎？

很多父母擔心如果過度誇獎孩子，容易造成孩子過於驕傲、目中無人。但是又憂慮若沒有適度地鼓勵孩子，會不會讓孩子缺乏自信心？面對這樣的兩難，父母該怎麼處理呢？

其實，正面的自我形象並不是一味的讚美就可以得到的。所謂「愛的教育」，也不是一味縱容孩子，任憑孩子為所欲為。適度的管教和大方的讚美，對孩子同等重要。

自我形象的建立，包含三個層面：**歸屬感；價值感；能力感**。這也是父母值得努力的方向。

一、**歸屬感：**當孩子跟父母建立親密相依的感覺，歸屬感就建立了。對孩子而言，「家」就是歸屬感的所在。在這個家庭裡，家人會經常在一起，互相關心，彼此支

持，苦樂與共。相反地，如果家人關係很冷漠，家裡缺乏歡笑與溫暖，孩子就會失去對這個家的歸屬感與認同。

　　二、**價值感：**真正的價值感來自於無條件的愛。並不是因為「我很乖、很聰明、很漂亮、功課很好」，才值得被父母所愛，而是因為「我就是我」，不論我是美是醜、是胖是瘦、聰慧或愚笨、健康或羸弱，都可以得到父母的接納與關愛。當一個孩子無條件地被愛、被接納、被重視，個人的價值感就誕生了。

　　三、**能力感：**當孩子感覺到自己的能力獲得父母的肯定，也就產生了快樂與自信，讓他更樂於去嘗試新鮮的事物，願意迎接困難的挑戰，無形中就增加了學習的能力。而缺乏能力感的孩子，對自己沒有信心，也比較不容易感到快樂。因此如何培養孩子的能力感，也是教養上的重要課題。

快|樂|童|年|好|EQ|小|常|識

孩子在生活中學習

如果孩子生活在批評中，他們學習到責難；

如果孩子生活在敵意中，他們學習到鬥爭；

如果孩子生活在恐懼中，他們學習到憂慮；

如果孩子生活在憐憫中，他們學習到自憐；

如果孩子生活在嘲弄中，他們學習到退縮；

如果孩子生活在嫉妒中，他們學習到羨慕；

如果孩子生活在羞恥中，他們學習到內疚；

如果孩子生活在鼓勵中，他們學習到信心；

如果孩子生活在寬容中，他們學習到耐性；

如果孩子生活在讚美中，他們學習到感激；

如果孩子生活在接納中，他們學習到愛；

如果孩子生活在贊同中，他們學習到喜歡自己；

如果孩子生活在認可中，他們學習到有目標是好事；

如果孩子生活在分享中，他們學習到慷慨；

如果孩子生活在誠實中，他們學習到表裡如一；

如果孩子生活在公平中，他們學習到正義；

如果孩子生活在仁慈和體貼中，他們學習到尊重；

如果孩子生活在安全中，他們學習到信任自己和旁人；

如果孩子生活在友善中，他們學習到這個世界是美好的

居所。

——桃樂絲‧勞‧諾特（Dorothy Law Nolte），家庭教育博士

【第二章】

如何培養孩子的歸屬感？

花時間陪伴孩子，透過口語和肢體表達愛意，
家永遠是孩子歸去的方向。

在動物學界有一張非常著名的照片：1973年諾貝爾獎得主、奧地利動物學家勞倫茲（Konrad Lorenz）的背後，跟著一群小雁鴨，亦步亦趨，因為小雁鴨把他當作媽媽了。這是「歸屬感」最典型的寫照。

對孩子來說，「家」就是歸屬感的所在。在這個世界上，他並不是孤單的存在，而是有一個家，家人會彼此關心、互相支持、苦樂與共。「歸屬感」也是自我形象很重要的層面。

有些父母以為，孩子在家裡有吃有住，理所當然要對這個家有歸屬感。事實上，歸屬感不只是物質層面的照顧，還包括心理和情感層面的連結，所以非常需要父母用心培養。

我們對家庭的歸屬感，包含三種感覺：一、我屬於這個家；二、我喜歡家裡的人；三、家裡的事就是我的事。

相對的，當一個孩子對家缺乏歸屬感，常會出現下列反應：一、不喜歡回家；二、回家後，不和家人說話；三、不喜歡跟家人一起外出活動；四、遇到困難不會找家人幫忙；五、對家裡的事很冷漠、不關心。當孩子出現這些疏離的反應，就是一個警訊，提醒我們要更關心孩子，把孩子的情感跟家人重新連結。

建立歸屬感的五大準則

父母要跟孩子建立親密的歸屬感，有幾個最基本的準則：

一、**要常常花時間和孩子在一起。**

二、**溝通家庭事務時，盡量讓孩子參與。**例如要搬家、要重新整修房間、安排旅行、舉辦派對、照顧爺爺奶奶……。父母有什麼想法和做法，最好也讓孩子能七嘴八舌，一起貢獻意見。

三、**不要讓孩子用語言或行動傷害兄弟姊妹。**如果家裡有好幾個小孩，難免互相爭寵，父母要留意，不要讓其中一個孩子在肢體或語言表達上，傷害其他兄弟姊妹。

例如大孩子搶小孩子的玩具時，父母一定要出面處理。若父母默許這些行為，被欺負的孩子會覺得：「為什麼爸媽不保護我？」、「為什麼沒有人幫我主持公道？是不是我比較不重要？」因而造成歸屬感的破裂。欺負人的孩子也會缺乏歸屬感，因為他覺得自己是靠著不斷打壓兄弟姊妹，才能維繫自己享受的特權，所以內心會擔心自己有一天也可能失去這樣的特權。

四、**不要偏心。**當父母比較偏愛某個孩子，就很容易

忽略另一個孩子，讓那個孩子產生「我不屬於這個家、沒人在乎我」的感覺。

對年幼的孩子來說，可能不曉得什麼叫做偏心，但是他們會觀察、感受到「為什麼爸媽對我和對兄弟姐妹的方式不太一樣？」或者「以前爸爸媽媽都會抱我，現在都只抱弟弟妹妹。」尤其是家中有新生兒時，更要小心維持孩子之間的平衡，最好提早跟大孩子解釋情況，說明新生兒需要比較多的照顧，「但爸爸媽媽還是很愛你，並不會因為有了弟弟妹妹，就忽略你。」而隨著孩子年紀增長，對待孩子們的標準要越來越一致。

五、讓孩子一起為家裡分擔一些責任。例如幫忙洗碗、擦桌子、倒垃圾、插花等，讓孩子感覺「這是我們共同的家」，因為不斷地參與，逐漸會產生「家裡的事，就是我的事」的歸屬感。

維繫歸屬感的四個方法

透過口語和肢體傳達愛意

　　把握以上五個原則之後，父母還要記得「把愛傳出去」，透過口語和肢體來表達對孩子的疼愛，不要吝惜擁抱孩子。

　　東方社會的父母表達情感比較保守，讀者不妨回想一下，小時候有沒有聽過這些話：「爸爸媽媽好喜歡你！好愛你喔！」特別是父親比較少說出這樣甜蜜的話。

　　在我們這一代的成長經驗中，每當聽到「爸爸媽媽好愛你」的時候，通常沒好事，因為這句話後面常常接著的是責罵，例如「爸爸媽媽這麼愛你，什麼都給你最好的，你居然考這種成績！」、「爸爸媽媽這麼愛你，你怎麼這樣不聽話？」、「你為何這麼晚才回家？你知不知道媽媽多愛你，你怎麼捨得讓媽媽擔心難過？」……所以，每次聽到爸媽說「我愛你」，其實壓力都滿大的。父母的指責藏在「愛」的背後，這種愛的表達讓孩子聽了也不太開心。

　　現在自己做父母了，我們可以學習跟孩子表達誠摯愛意。常常對孩子說我很愛你，開心地擁抱孩子，不是因為

孩子做對了或有什麼非凡的表現，只是單單純純讓孩子感覺到父母對他的喜歡。當孩子感受到這份親密的愛，歸屬感就油然而生。

值得注意的是，管教孩子也是愛的一部分。當孩子做錯事情，父母勿枉勿縱，認真地跟他講道理、分析是非對錯，公平地加以處罰，也會讓孩子形成歸屬感。

孩子受到責備和處罰，當然會不開心，但是他也會清楚感受到父母對他的行為很在意，並且願意負起管教他的責任。如果父母對孩子的不良行為漠不關心，不聞不問，孩子反而感覺不到父母對他的愛與關懷。

所以，太放縱和溺愛孩子，也會降低親子之間的歸屬感，這一點需要父母特別注意。

醫師小叮嚀

千萬別說完「我愛你」，就開始責備孩子「辜負了父母的愛」。不要把「愛」當成交換條件。

花時間陪伴孩子

培養歸屬感有很多途徑和方法，對現代父母而言，其中最重要的是付出時間。如果沒有時間陪伴孩子，歸屬感就較難建立。

現代雙薪家庭往往必須把年幼的孩子放在保母家，或者請鄉下的爺爺奶奶幫忙照顧，變成週末才把孩子接回來的「假日父母」。雖然這是不得已的事，還是要盡可能找時間和孩子相處，這樣才有機會培養親密的關係。

我曾經聽過忙碌的父母和孩子見面必須先約時間，孩子好像變成客戶一樣──父母和孩子相約晚上六點在飯店吃飯，很有效率的吃到八點。晚餐結束後，爸爸繼續去開會，媽媽繼續忙公事，孩子則由秘書帶回家寫功課。

工作忙碌的現代父母要怎麼抽出時間陪孩子？我們不妨來看看美國前總統老布希的例子。

美國總統肯定是世界大忙人之一。1991年的某一天，同時發生了幾件震驚世界的大事：第一件是政治上的大海嘯，蘇聯解體；第二件是當時的伊拉克總統海珊驅逐聯合國觀察員，波斯灣的緊張情勢急速升高；第三件是以色列當局拒絕了中東和平談判，以巴衝突恐怕一觸即發。

　　當時的美國總統老布希一早進入白宮，立即聽取中央情報局的簡報，馬上決定加派情報人員進入蘇聯，密切觀察政局的變化。之後跟國安局官員開會，討論是否要派兵解決伊拉克問題，最後打電話給以色列領導人，勸對方接受中東和平談判。

　　如此多事的一天，老布希卻依然在下午四點鐘準時下班，赴約去打高爾夫球。大家想必認為，他一定是跟哪個國家元首或政要有約吧？其實不是。那天他是跟家人去打球。這是很早以前就約好的家庭活動，他無論如何一定要出現。

　　老布希總統非常忙碌，可是他依然非常重視家人之間的承諾。他認為，當美國總統只是一時，當爸爸卻是一輩子。他的責任是與家人陪伴、同在。

　　對於老布希的孩子而言，這樣的爸爸令他們感到驕傲，並非因為他是美國總統，而是他把「我們的家」看得跟美國一樣重要。

　　有些父母認為，和孩子相處時的「品質」比較重要，「時間量」不多沒關係。但事實上，對孩子來說，相處時間的質和量同樣重要。

　　打個比方，我們不可能每天吃精緻的點心吃到飽，一定要吃主食，看似平凡的米飯卻是維持生長很重要的基礎養分。同樣的道理，和孩子的相處，不能只有精緻卻短暫的陪伴，那就好像是只吃點心維生。唯有如米飯般的足量互動，才是和孩子維持親密關係的關鍵。因此，沒有花時間陪伴孩子，就很難產生深度的互動和深刻的關係。

　　父母總是想買最好的禮物給孩子，但站在孩子的角度，最需要與最希望的禮物其實就是父母自己。

　　大家一定聽過「愛的真諦」這首詩歌，有位牧師解釋「愛是恆久忍耐又有恩慈」這句歌詞時說，換成現代的語言就是「愛是不怕麻煩又很有時間」。把自己當作禮物送給孩子，最關鍵的就是時間。有了一起歡笑、一起流淚的時光，孩子就比較容易感受到父母的愛與在乎。

　　我們在醫院工作總是非常忙碌，同仁之間流傳一則笑話來提醒彼此：早出晚歸的爸爸總是在孩子睡著時才回到家，孩子還沒醒來就出門工作。一天放假在家，坐在客廳的爸爸遇見早起的孩子，孩子問：「爸爸，你今天怎麼有空來我們家玩？」在這個孩子的心目中，爸爸並不是屬於這個家的一份子。

　　特別是當孩子還小的時候，盡量多花時間與孩子在一

起，等孩子上學以後，慢慢有了自己的朋友圈，需要父母長時間的陪伴自然會逐漸減少。

小小慶祝活動讓關係更緊密

經常在家裡舉辦慶祝活動和儀式，帶來歡樂氣氛，一家人和樂融融，對歸屬感的建立會很有幫助。

蘋果電腦創辦人賈伯斯就是用這種方法來領導並建立團隊的歸屬感——每次成功研發一項新的功能，或是新產品上市，值得慶祝時，賈伯斯便會邀請員工前往度假飯店，好好犒賞大家的辛勞，同時也讓員工了解，這項新成就是來自於全體員工的努力，這個榮耀屬於大家共享。這麼做正是要累積員工對於公司的歸屬感。

這樣的觀念對我有很大的啟發。我的工作經常要發表論文，當論文被國外的期刊接受了，當然很開心，但我很少對家人提起，一方面認為孩子不會了解我的醫學領域，另一方面也不希望家人認為我在自我吹噓。

但現在為了建立家庭的歸屬感，現在只要我的論文被接受刊登，我就會買個蛋糕回家和太太及孩子們分享，我的意思並不是「你看爸爸多厲害」，而是想要表達：「爸爸的論文被接受，是因為媽媽平常辛苦為家裡付出，讓爸

爸沒有後顧之憂，還有你們都很聽話，讓爸爸可以專心做研究，這份肯定是我們全家一起努力得來的。」

對孩子而言，有香甜的蛋糕可以吃，爸爸媽媽很開心，大家一起拍照留念，這些點點滴滴的互動，快樂聚會的記憶，都會不斷累積孩子對於家的歸屬感。

再舉另一個例子。有一次，我要出國兩個星期，心裡一直猶豫：要自己去呢？還是帶著太太、小孩同行？若全家人一起去，預算必定大增，加上兩個孩子都還沒上小學，帶這麼小的孩子出國很累人。我自己一個人出去，只是一個人累；如果全家一起去，大家都很累。

我和太太幾經商量，最後決定全家一起出國。這麼做的主要原因就是培養與維繫「歸屬感」。因為我看重的是「全家人在一起，一起經歷許多事情」的經驗。

整個旅行的過程中，我希望讓孩子感受到，不管遇到什麼麻煩或困難，我們會全家一起面對和解決。譬如到了人生地不熟的地方，我們拿著地圖一起找路，孩子會體驗到「爸爸媽媽也會迷路，沒關係，我們一起來想辦法。」這樣的經驗可以培養孩子的歸屬感。父母展現的態度就是「無論在天涯海角，我們全家都會在一起，這是屬於我們的共同回憶。」

　　也許父母會問：「小孩幾歲時適合出遠門旅遊？」我當初決定全家一起出國時，身邊的確也有很多朋友說：「幹嘛花這個錢，孩子長大後根本不會記得，不是很浪費嗎？」這樣的思考角度是關於「能力感」──孩子對旅行會留下什麼印象？以後對孩子有什麼幫助？

快｜樂｜童｜年｜好｜EQ｜小｜常｜識

猶太人的成年禮

　　猶太人會在孩子十三歲那年進行成年禮，男生的成年禮叫做「Bar Mitzvah」（律法之子）；女生的成年禮叫做「Bat Mitzvah」（律法之女）。「Mitzvah」是律法的意思。

　　父母會邀請全家族參加孩子的成年禮，然後大家共同分享一個大蛋糕。這是猶太人營造「歸屬感」的方式，讓孩子知道，這個重要的時刻，全家族的人都和你在一起。

　　可是，我的考慮角度卻是「歸屬感」，這是沒有年齡限制的，因為歸屬感的培養不是透過語言、知識的灌輸，而是生活經驗的交疊一點一滴所累積出來的，來自「無論如何，我們全家都會在一起」的踏實感。

　　因此，可能的範圍內，盡量多創造全家一起的旅行經驗。日後孩子長大了，不管走到哪裡，永遠都會把家人放在心中。

善用接送孩子上下學的時間

　　當孩子開始上學，進入團體生活後，面對的壓力和挫折可能變多，父母不妨利用接送小孩的時間為孩子做好心理準備。

　　有位媽媽說，孩子剛轉學時，她每天接送孩子上下學，用意在於孩子放學一坐上車，就能馬上和媽媽分享今天在學校的開心或不開心，孩子遇到挫折或煩惱，媽媽也可以及時給予安慰。

　　不論放學路上，還是回到家裡，陪孩子聊聊今天在學校發生的事情是很重要的，一方面鼓勵孩子和爸媽分享心情，一方面訓練孩子表達情緒的能力，同時也累積了孩子對家的歸屬感。

　　曾經有父母很煩惱地告訴我，孩子回家後一直哭，卻問不出來到底發生什麼事。我問，孩子平常會跟你們聊學校裡的事嗎？他們的回答是：「不會啊！沒什麼事就不會多聊。」

　　如果爸媽沒有養成和孩子聊天的習慣，等遇到事情了，就更難開口。「表達」和「溝通」都是需要練習的，就算只是說一些流水帳等沒什麼太大意義的小事，對孩子而言，也是一種表達的練習，更是親子之間的珍貴時光。

黃瑽寧醫師小提醒

如果孩子在家裡建立良好的歸屬感，有助於進入學校或社會後的人際發展。

歸屬感會「擴充」，而非「轉移」

有父母問道：當孩子進入學校，開始把「老師說……」、「同學說……」掛在嘴邊，此時孩子的歸屬感是轉移或改變了嗎？

孩子逐年成長，歸屬感也產生改變是很正常的現象。起初，孩子的歸屬感是依附家庭而建立，慢慢擴及學校；歸屬感的重心也從父母轉移到老師身上，到了青春期更連結到同儕團體。

對於歸屬感重心的改變，我認為是一種正向的「擴充」。隨著年紀增長，孩子所扮演的角色開始增加，不再只是父母的兒女，同時也是老師的學生、其他同學的同儕等等，歸屬感便逐漸往外擴充。

孩子對於父母的歸屬感是最重要的基礎。如果家庭沒有提供孩子健全的歸屬感，未來孩子要面對其他人際關係，將會有困難。例如在家裡經常被父母忽略的孩子，到了學校遇到老師和同學，也不容易產生信任感和歸屬感，成長之路會辛苦許多。

【第三章】

如何建立孩子的價值感？

尊重孩子、同理孩子、接納孩子，
讓孩子感受父母完整的愛。

　　世界上最強大的力量，就是無條件的愛。只有從這份愛中，一個人真正的價值感，才可以誕生。

　　然而，我們的家庭和社會卻很習慣以外在的表現和成就，來定義一個人的價值。因此，為了建立自我的價值感，許多人都走了一段很漫長的路程，才終於學會接納自己、欣賞自己、尊重自己，才明白每個人都是獨一無二的存在，每一個生命本身都有值得珍惜的價值。

在被接納的溫暖中，建立自我價值感

以我自己的故事為例。我是在傳統家庭中成長，從小就是一個不輕易流露感情、有淚不輕彈的男孩，認定哭泣流淚於事無補，唯有努力追求好成績、好表現、好成就，才是人生最重要的目標與價值。

當我念國中時，智力測驗是全班倒數第二，讓我大受刺激，從此立志要在每次考試拿下好成績，讓所有人「刮目相看」。我並不是享受學習的樂趣，而是怕考不好被打，因為那很丟臉；我努力考贏其他同學，其實是要掩飾內心「輸不起」的害怕與孤單。我不願意被輕視和責備，所以我要一直保持卓越才有價值感，才會受人重視。

到了大學時期，我住在教會宿舍，有位牧師經常來和我們聊天話家常。有一次聊天，不覺到了午餐時間，我自告奮勇到便利商店幫大家買牛奶和麵包。大家正準備開動時，有位同學拿起牛奶，忽然大喊：「唉呀！這瓶過期了！」

當下我覺得很難堪，暗暗自責：「我怎麼這麼沒用！浪費大家的錢！買到過期的東西，要害死同學啊！」心想一定會遭到大家的嘲笑和責備。

　　就在我無地自容時，牧師卻神色自若拿起那瓶牛奶，不以為意地打開瓶蓋，咕嚕嚕喝完了。牧師一口氣喝掉牛奶之後，還提醒大家要謝謝我的熱心和服務。

　　那一刻，我忍不住流下了淚水。因為我把事情搞砸了居然沒被責罵，而且還得到感謝和鼓勵。這也讓我感受到「被全然接納」的美好滋味。

　　原來，「被接納」的感覺是：並不是因為我做了什麼，別人才重視我；就算我很笨拙、表現不好、犯了錯，我仍然是被接納的。我不需要努力證明自己，不需要很優秀或很完美，不需要處處贏過別人，就可以被看重、被珍惜。在全然的接納中，我感受到自己是有價值的，不必矯飾或偽裝，我只要做我自己，一切就已足夠。

　　這樣的感覺，真好！

建立價值感的三個方向

　　家庭是人格教育的基石。如果你也想要提供給孩子充分的價值感，可以從三個方向著手。

學會傾聽

　　孩子總有許多童言童語，急切地想跟父母分享。當父母願意傾聽孩子說話，認真看待孩子的想法，就可以讓孩子知道：他在家庭中是很受到重視的。

　　當孩子想和父母說話時，即使是無啥意義的小事，父母也要學習傾聽。有時父母正在忙，孩子咚咚咚跑來，嘴裡嚷著：「爸比、媽咪，我跟你說……」這時候最好把手上的事情暫時放下來，先聽孩子講幾句話，再繼續做手上的事。

　　如果真的很忙，無暇抽身，也要清楚跟孩子說：「爸爸很想聽你說話，可是我現在不能分心，等一下我忙完以後，馬上去找你喔！請你等我一下！」

　　當孩子找父母說話，父母很認真看著他、聽他說，這樣的態度會讓孩子感覺：「爸爸媽媽很在乎我，很看重我。」孩子的自我價值感便自然產生。

　　若是每次孩子想和父母說話，父母總是不耐煩，嫌他囉唆多話，揮揮手說：「你很煩耶！你就不能安靜一下嗎？不要一直吵！走開走開！」或者不斷取笑孩子：「你很幼稚耶！老是講這些有的沒的。」甚至潑孩子冷水：「唉呀，不可能啦！你亂講啦！沒有這回事啦！」孩子的心裡會覺得受傷，並且認定：「我講的話，大人根本不想聽。我的想法一點也不重要。爸媽根本就不在乎我。」

　　其實孩子跑過來嚷著要說話，也不一定是說很重要的事情，很多時候都是芝麻蒜皮的小事，看似沒什麼意義，但親子之間的親密感和日常生活的快樂，通常就是由這些沒有特殊意義的小事累積而成的。所以認真對待孩子的各種感覺和念頭，接納孩子突發奇想的胡言亂語，也是很重要的啊！

　　以我家的小孩為例，有一天，他突然跑來找我，一臉嚴肅。

　　「爸爸，我跟你講，我很怕Ke-Yi。」孩子說。

　　我心裡想：「誰是Ke-Yi？根本沒Ke-Yi啊，怕什麼？」但若我直接說出口，孩子一定覺得自己不被尊重。

　　「你怕Ke-Yi啊！Ke-Yi是男生還是女生？」我很認真地問。

醫｜學｜小｜常｜識

兒童心理發展階段

　　美國知名心理學家艾瑞克森（E. H. Erikson）的研究指出，人格發展分成八個階段，其中兒童與青少年的心理發展就占了五個階段：

1. **嬰兒期**：出生到一歲半。此一階段的主要發展任務是「是否能信任人」。例如肚子餓了，爸爸媽媽會不會餵奶？會不會來換尿片？……如果這些需求獲得滿足的話，孩子就可以發展出信任感，相信外在的世界。

2. **幼兒期**：一歲半到三歲。這一階段的主要任務是「能否建立自主性」。孩子開始會說「不」，表現出個人意志，因此在這階段容易和父母出現衝突，也是第一個反抗期。

3. **學齡前期**：三歲至五歲。這階段的孩子會主動探索外在的環境，對很多事情都很好奇。如果主動探索的行為有父母的引導，從中受到鼓勵，孩子就會發展出好奇心和自動自發的精神，願意主動去了解周遭世界、

解決問題。如果孩子的探索行為或想法，受到父母輕視、譏笑：「不可能啦！不要亂來！不要作白日夢！」孩子可能因此對自己失去信心。

4. **學齡期**：六歲到十二歲，主要任務是在學校裡學習，培養未來適應社會的能力和知識。如果學習得好，孩子會有勤奮的表現，如果學習不好，孩子可能出現自卑感。

5. **青春期**：十二歲到十八歲，主要發展認同感，尋求自己的定位。這時候，孩子的人際範圍不只有家庭和學校，也會慢慢接觸到更廣大的世界，這段期間青少年的自我形象還處在不穩定的狀態，容易和父母出現對抗和對立的狀況。

　　過了青春期之後，還有成年早期、成年中期以及成年晚期（或稱老年期）。每個階段也都有不同的發展主題和成長任務。

「女生。」

「Ke-Yi住在哪裡？」

「Ke-Yi住在我們家附近。」孩子一臉認真。

「你看過Ke-Yi嗎？」我繼續問。

「沒看過。」

「那你為什麼要怕她呢？」我乘機多問一下，也想了解孩子心裡在恐懼什麼。雖然這只是孩子的幻想，我也很認真的跟他討論，即使孩子未必能說出所以然。不過他可以感受到爸爸並沒有否定或嘲笑他，而是認真接納了他的害怕。

過一段時間，孩子長大一點，就不太提起Ke-Yi了。

「最近Ke-Yi去哪裡了呢？」我故意問他，孩子聽了，自己也覺得好笑。

即使孩子是在編故事，父母也可以當作是跟孩子溝通的大好機會，利用輕鬆的聊天，了解孩子在關心或擔心哪些事情。

一般父母最常問孩子：「功課寫完沒？」、「有沒有好好吃飯？」、「在學校有沒有聽老師的話？」然而，孩子內心的情緒和感受，卻往往被父母忽略。

我家的孩子最關心的是假日要騎腳踏車，但是我很忙

碌的時候，總會忍不住想：「腳踏車隨時都可以騎，這星期暫停一次，應該沒關係吧？下週再去騎嘛！」但孩子卻不是這樣想，假日去騎腳踏車是他們最開心的事，內心充滿期待。身為父母的我們，應該把孩子的感受很慎重地放在心上。

另外，當孩子和你分享小祕密時，千萬要遵守承諾，好好幫他保守祕密，不要當作玩笑話，隨意洩漏出去，這是對孩子的基本尊重。比如孩子會偷偷跟媽媽說，我喜歡班上誰誰誰，誰又喜歡誰。在大人的世界看來，小朋友哪懂得什麼是愛情，根本是童稚的趣事，如果把它拿來公開談論，當作茶餘飯後的笑料，這樣輕率的態度有可能讓孩子感到尷尬或受傷。

不只是面對孩子，夫妻之間也要互相了解彼此最關心的事，讓彼此都感受到被對方所看重。當家庭裡充滿愛的訊息，孩子絕對可以體會得到，並且得到滋養和快樂，因為維繫良好的夫妻關係絕對有助於建立緊密的親子關係。

尊重孩子的感覺

許多父母都希望孩子乖巧聽話，貼心可人。但孩子也會有情緒，而且因為孩子年紀小，情緒的表達往往很直

接。身為父母要注意的是，千萬不要否定孩子的情緒，尤其是負面情緒，例如憤怒、悲傷、害怕、嫉妒等等。

處理孩子的情緒時，不能規定孩子不要發脾氣，這是無效的管教方式，孩子根本不可能做到。因為就算是大人，也會有時候需要發洩一下負面的情緒。

所以，當孩子的負面情緒升起，父母要先接納它，然後再想辦法去理解它、開導它。千萬不要劈頭就罵：「小孩子不可以這麼愛生氣！」、「你再亂發脾氣，我就揍你喔！」、「不可以跟弟弟吵架！這樣壞壞！」或者輕忽地嘲笑：「這麼膽小！自己去睡覺，有什麼好怕的？」、「你好愛哭噢，羞羞臉！」……

父母必須瞭解，情緒本身並沒有對錯，有負面情緒是很正常的。需要修正的是表達情緒的方式。

有些孩子一發脾氣就亂摔東西、大哭大鬧，這時父母要開導孩子：「我們知道你心情不好，也很尊重你的感覺，但是我們也很在意你表達情緒的方式。你可以生氣，沒關係，但是大吼大叫、打人、亂摔東西，卻是不恰當的發洩方式。我們來試試看，還有哪些方式，可以讓你好過一點。」

父母也可以跟孩子分享自己處理情緒的方式，當自己

覺得被誤解、很失望、很自責、很沮喪、很憤怒、很孤獨的時候，通常是如何化解、如何宣洩。以親身的例子跟孩子分享，可以轉移孩子的注意力，並且讓孩子知道，爸爸媽媽也有過類似的感受，可以瞭解他的心情。

即使父母不知道要如何安慰孩子，但是在孩子傷心難過的時候，只要願意放下手邊的事情，花時間陪伴在孩子身邊，抱抱他、聽他說話，孩子就知道爸媽很在乎他的難過和傷心。有時候，只是這樣做就夠了。孩子就會感受到愛和接納，因而開朗起來。

我的孩子小時候很黏媽媽，只要媽媽不在身邊，就哭鬧不停。即使他原本跟我玩得很開心，可是只要一看到媽媽出門去，就開始掉眼淚。這時候我通常會先同理孩子的難過：「你是不是很想媽媽？是不是因為媽媽不在身邊而難過？」等他心情稍微平復了一些，我就提議我們可以來玩玩具或講故事，讓孩子感覺到爸爸很關心、很在乎他的感受。通常他會破涕而笑，跟我一面玩耍，一面開心地等待媽媽回來。

此外，父母對孩子的承諾一定要全力以赴完成，千萬不要答應了之後，卻輕易爽約，以為「這次沒做到，下次再補救就好了」。因為孩子的心思很單純，對於父母答應

的事，會抱持著興奮的期待，如果失約，孩子會很失望。若父母經常說話不算話，次數多了，孩子就會覺得自己沒有受到尊重。所以父母在做承諾之前，一定要慎重規劃自己的行事曆。如果沒有辦法做到，就不要輕易答應。孩子看到父母如此慎重的討論和評估，也會知道父母很在意這份約定，就有受到尊重的感覺。

　　最後，現代父母要勇於向孩子道歉。雖說在東方社會的觀念裡，向來認為「天下無不是的父母，只有孩子向爸媽道歉的份，哪有長輩向孩子低頭的？」但是如果父母確實做了錯事，例如誤會了孩子，或讓孩子難過、受到傷害，這時也要誠懇地向孩子認錯，請孩子原諒。

　　這樣做有兩個好處，一方面是傳達出「爸爸媽媽很在意你的感覺，讓你傷心了，我們覺得很抱歉。」另一方

楊醫師小叮嚀

尊重孩子三要點：
1.不要否定孩子的負面情緒。
2.做錯事要勇於向孩子道歉。
3.許下的承諾要做到。

真是對不起！爸爸誤會你了，
下次會先問清楚再罵人。

面，也是一種身教，讓孩子明白，道歉並沒有這麼困難，家人之間也要學會真誠認錯，彼此的關係才會更親近。

尊重孩子的獨特性和自主性

以前的父母喜歡孩子乖乖聽話，不要有太多意見。但是現代社會強調孩子的自主性，所以經常鼓勵孩子表達看法。問題是，當孩子的意見與父母不同時，父母要能夠誠心接納和傾聽，這也是現代父母要學習的。

有些時候，當孩子表達意見時，大人覺得很幼稚，常順口回一句：「小孩子不懂啦！」、「這樣沒用啦！」、「不可能啦！你亂講！」這樣的回應會讓孩子覺得自己的意見不受尊重。反之，父母若能夠認真聽完孩子的陳述，再與孩子一起討論：「你提的方式，很棒！不過，如果我們這麼做，有可能會碰到一些問題，我們一起來想想看，要如何克服。……」這樣不但鼓勵了孩子，也刺激他們做更多的思考，幫助孩子學習和成長。

尊重孩子的自主性，包括接納他們的選擇和品味。出門旅行時，可以讓孩子自己搭配想穿的衣服，自己打包想帶的玩具；房間和書桌的佈置，也可以鼓勵孩子自己動手。多多提供讓孩子做決定的機會，可以讓孩子越來越瞭

解自己的喜好，並且擁有自己的想法和看法。

此外，父母千萬不要把「差異」當成「對錯」。每個人的個性和特長都不一樣，即使兄弟姊妹，也會有人活潑多話，有人內向害羞，有人愛運動，有人美術很棒，有人動作快，有人慢吞吞，父母要欣賞每個孩子不同的特性，不要隨意評斷優劣和進行比較：「你為什麼不能像姊姊一樣，乖乖做功課。」、「你看哥哥多聰明啊，你怎麼笨成這樣。」、「你怎麼連弟弟還不如啊，東西老是亂七八糟。」、「妹妹拿到這麼多獎狀，你的呢？」……

事實上，人和人之間本來就有個別差異。當不同的差異都能在家庭中得到尊重和接納，每個孩子就可以快樂長大，找到屬於自己的價值感。

培養孩子的價值感，最重要的是讓孩子知道，在父母的眼中，他非常的寶貴。在這裡我要說一個小故事：

「用腳飛翔的女孩」蓮娜·瑪莉亞（Lena Maria），是先天身障的孩子，卻在夏季身障奧運賽中，勇奪多面游泳獎牌。

蓮娜·瑪莉亞1968年在瑞典出生時，醫生對父母說：「你們暫時不能見這個孩子，這個孩子沒有雙手、有一隻

　　腳不正常，我們要先檢查她體內的器官是否健全，完成檢查後，再請爸媽來看她。」

　　三天後，醫生說孩子的其他器官正常，但是撫養重度肢障的孩子很困難，需要很多專業的協助和幫忙，建議家長把孩子送到社福機構收養。蓮娜的父母對醫生說，先讓我們看看這個孩子，再做決定吧！其實，當時蓮娜的父母也不曉得應該怎麼辦。

　　當他們第一眼看到孩子時，便決定要把她留在身邊。在爸爸媽媽的眼中，第一眼看到的不是孩子殘缺的手腳，而是她那可愛的笑臉、漂亮的眼睛。即使重度殘障，蓮娜仍然是他們全心所愛的孩子。

　　照顧蓮娜的過程確實很辛苦，但是爸爸媽媽一直把她視為正常的孩子來養育，坦然地帶著她去公園、超市、海水浴場，就跟一般孩子一樣，並沒有因為蓮娜身體的殘缺而隱藏或自卑。因此，蓮娜從不覺得自己有什麼奇怪，對她來說，沒有雙手、兩腳不一樣長，並不是什麼見不得人的事。

　　蓮娜三歲開始學游泳，四歲開始拿針刺繡，五歲時完成了第一幅十字繡作品，並開始學裁縫，中學時為自己縫製了第一件洋裝。十五歲進入瑞典游泳國家代表隊，十八

歲參加世界冠軍盃比賽，打破世界紀錄，並且以蝶式勇奪多面金牌。十九歲拿到汽車駕照，喜歡和朋友駕車出遊。音樂更是她的最愛，進入大學專攻音樂後，成為全球知名演唱家，榮獲瑞典皇后個別接見，在全球共發行了八張CD專輯，舉世聞名。

蓮娜沒有雙手，但是生活上的大小事務均能自理，她獨立、自信，用腳完成一切夢想──打字、拿筷子、開車、彈鋼琴……，許多看似不可能的事，她都辦到了。她說：「生活中沒有任何讓我沮喪的事，我花了很多時間學走路、穿衣服，除此之外，沒有什麼困難的了。」

蓮娜的心理非常健康。某個冬天，家人對她開玩笑說：「妳的手都不會冷。」大家聽了哈哈大笑。蓮娜從來不覺得別人歧視她，因為她知道，在爸媽的眼中，她是最寶貴的。

聖誕節交換禮物時，收到同學送的戒指，蓮娜笑著跟同學說：「我沒辦法戴耶！」然後兩人相視大笑。蓮娜的同學根本忘了她沒有手。

蓮娜說，上帝要透過她的生活向世人證明，心理的健康比身體的健全更重要。父母給蓮娜的價值感，讓她的自我形象得到了健全的發展。

　　這就是價值感建立的過程，所謂的「價值感」，並不是這個孩子做了什麼，而是這個孩子在父母的眼中是何等寶貴。

【第四章】

如何提升孩子的能力感？

日常生活中持續不斷累積小小的成功經驗，
孩子的能力感就培養出來了。

　　當孩子擁有「能力感」，相信自己是一個有能力的人，對自我形象的塑造也非常重要。

　　相信自己能力的孩子，通常比較快樂、勇敢、有信心，願意去嘗試新鮮的事物，面對陌生的挑戰，無形中就增加了學習的能力，父母在教養上也會輕鬆很多。

　　要培養孩子的能力感，最重要的就是要多多鼓勵孩子：「試試看，你一定可以做到！」即使孩子做得不完美，也沒關係，只要他願意嘗試，就可以學習到寶貴的經驗。能力感就是透過一次次的嘗試和努力累積而成的。

用正面、具體的事來讚美孩子

　　鼓勵孩子的時候，要使用正面的話語：「你願意嘗試，真的太棒了！」、「你又學到一次經驗，下次一定會更厲害！」、「你雖然比賽輸了，但是展現出很棒的合作態度，值得鼓掌！」、「你這張圖的色彩畫得好漂亮，進步好多！」、「就算你沒有入選，爸爸媽媽還是覺得你的舞跳得好好！看到你跳舞這麼快樂，我們也很想跟你一起跳呢！」……不要以成敗論英雄，而是要鼓舞孩子的信心，讓他相信自己有不斷學習、不斷進步的能力，這才是能力感最重要的根源。

　　孩子年紀小，當然能力有限，父母盡量不要對孩子潑冷水，或說出負面的話：「你年紀這麼小，不要自不量力。」、「不要胡鬧了，你一定做不到的啦！」、「你這麼粗心，一定會搞砸！」、「別做夢了，這麼好的事，怎會落到你頭上！」……

　　有些父母有完美主義傾向，當孩子考了九十五分，父母的第一個直覺反應不是稱讚孩子考得好，而是問：「那五分是怎麼錯的？」這會讓孩子產生挫折，認為不管自己怎麼努力，爸媽都只看到不足的那一面。如此一來，孩子

就不容易有能力感。

　　當然，讚美孩子也有訣竅。父母要懂得欣賞孩子的努力，以具體的事項來讚美，例如「你會洗碗了，真的好棒！」、「因為有你幫忙澆花，花兒長得很漂亮。」、「你這次的作業寫得很認真耶！」切忌把讚美變成空泛而廉價的「口頭禪」，否則，即使整天「你好棒！」掛在嘴上，孩子也不會珍惜，甚至心生疑慮：「為何我不管做了什麼，父母都只會說『你好棒』？我是不是什麼有問題？」那就適得其反了。

　　要培養孩子的能力感，父母要學習放手，讓孩子練習為自己做決定。例如玩遊戲時，由孩子決定要怎麼玩，爸媽順勢配合跟著玩就好，只要在安全的範圍內，盡量讓孩

王醫師小叮嚀

讚美不是「口頭禪」，要出於真誠，具體明確，孩子才能確實接收到。

子學習如何做決定。

　　當孩子因為做了不成熟的決定而遇到挫折時，父母絕對不能嘲笑孩子，或說風涼話：「你看吧！我早就告訴你了吧！」父母可以跟孩子分享自己小時候面對挫折的經驗，讓孩子知道，遭遇挫折是很正常的事，重要的是要用什麼態度面對它，如何想辦法解決。可以一起分享快樂、一起面對挫敗，跟孩子的關係才會越來越親近。

不要用才藝評斷孩子的成就

現代父母很重視孩子的潛能發展，在教養上投入許多心力，從小就讓孩子去上各種才藝班、語文班、心算課等等，希望孩子贏在起跑線上。但是，從精神健康的角度來看，學習技能並不等於提升能力感，甚至可能弄巧成拙，添增孩子的挫折感，得不償失。

舉例來說，送孩子去學小提琴，不要用孩子有沒有天份、學得快不快、琴拉得好不好，來評斷孩子的能力。這樣做會增加孩子的壓力，甚至變成是為了父母的面子在學琴，而失去學習的快樂。

有個孩子學了很久的鋼琴，鋼琴老師舉辦成果展，邀請父母前來欣賞。每個孩子輪流上台演奏，其中一個孩子表演結束後，他的爸爸就站起身說：「你以後不用再學了！」這一句話，讓孩子當場掉下淚來。

對這位父親而言，讓孩子學鋼琴是一種投資，當然希望看到回報。一旦孩子成就不高，這個投資就變成浪費。但是，培養孩子才藝並不是為了讓父母有面子，而是為了讓孩子體會學習的快樂、接觸藝術的美好、增加人際互動的技能、培養日常的紀律、添增家庭生活的情趣……所有

的過程都是有意義的。如果父母只盯著學習成果來看，就太窄化能力感的定義了。

　　我建議，在選擇才藝班的時候，最好先和孩子溝通，確認孩子有學習的意願，同時讓孩子知道：爸爸媽媽送你去學鋼琴或畫畫，是希望你更開心和快樂。爸媽也可以跟孩子一起聽音樂、看畫展，分享藝術家們的故事。在學習期間也要多多關心孩子的上課情況，比如喜歡彈琴或畫畫嗎？有沒有什麼困難？想不想繼續學？……要讓孩子覺得快樂學習才是重點，比他會彈奏幾首曲子、學到什麼繪畫技巧更重要。

　　當孩子有良好表現時，父母難免會驕傲。許多父母很喜歡拿孩子來誇耀：「他的音樂老師是國外某某名校回來的，他才學了兩年多，已經學到哪裡、考過幾級……」這樣的誇耀，很容易把孩子的價值定義在學習成就上。

　　以我自己參加同儕團體的聚會為例，大家聊完工作近況後，接著就聊到孩子的功課和才藝，甚至開始要孩子當眾表演，彈鋼琴、唱歌、拉小提琴、相聲樣樣來。看到這種場面，我總忍不住想，這樣對孩子好嗎？這是大人的聚會，孩子們在旁邊玩他們自己的遊戲不是很好嗎？大人卻要孩子獻寶，好像在呈現投資成果，孩子的壓力會不會太

大了一點？

　　比較恰當的方式是讓孩子在培養能力感的同時，保持一顆單純快樂的心。我要再次強調，在孩子自我形象的發展中，外在表現和能力感只是其中一環，必須同時兼顧「歸屬感」和「價值感」，才可能建立健全的自我形象。

提升孩子的自制力

要提升孩子的能力感，不能只靠念書、學習各種才藝。以孩子的長遠發展來看，培養兩種能力感是很重要的，一是自我控制的能力；一是提問的能力。

說到自我控制的能力，每個父母都很希望孩子自動自發，不要大人在一旁催促或碎碎念。但自制力如何訓練？相信這是很多父母感到頭痛的難題。

例如什麼時候可以看電視？玩電腦可以玩多久？這是親子之間最常爭論的話題。孩子總愛黏在電視機前，怎麼喊怎麼罵都沒有用，父母與其擺出權威制止孩子，不如仔細思考一下，孩子為何這麼喜歡看電視？

簡單來說，看電視的門檻很低，只要拿起遙控器，多彩多姿的電視節目立刻現身眼前。電視從來不會拒絕孩子，一天二十四小時隨開隨到。當父母沒有時間陪伴孩子的時候，電視卻永遠對孩子展開雙臂，對孩子來說，這就是一種無限的歸屬感。電視提供了無限的陪伴與包容，在某種意義上也是「愛的真諦——不怕麻煩又很有時間」的實踐。

為了避免孩子沉溺，有些父母的作法是「家裡不裝電

視」，不過這樣反而失去了讓孩子學習判斷的機會，例如什麼時候可以看電視？電視可以看多久？幾點鐘一定要把電視關掉？從小缺乏這類的練習，等孩子長大、離開父母的管束之後，就容易受到同學朋友的慫恿，有樣學樣，問題就更難處理。因此，家裡有電視機並不是絕對的不好，父母反而可以善用電視，把它當成訓練工具，來培養孩子的自制力。

　　以我們家為例，看電視的時間是全家一起看氣象報告，或十分鐘左右的新聞。時間一到，我會對孩子說：「請你去把電視關掉。」孩子從小就知道「關電視是我的工作」，也知道家裡的電視並不是隨時可以看，只有全家在一起的時候才會打開共享。

　　關掉電視後，一直到孩子睡覺前，我和太太的共識是：這是陪伴孩子的時間，所以絕不會開電腦、滑手機，把眼睛盯在螢幕上。我們會和孩子一起看書、聽音樂、講故事、聊天、玩遊戲，即使是安靜地各看各的書，也沒關係，孩子可以隨時走過來講個笑話、要一個抱抱。等到孩子上床睡覺，我們才打開電腦，繼續處理其他的事情。

　　對大人來說，拿自己的休息和休閒時間陪伴孩子，或許也算是一種犧牲，但是我認為很值得。現代人很忙碌，

家人在一起的時間非常短暫，晚上全家人一起相聚的時光是很寶貴的。

我很重視跟孩子相處的時間，這是跟我媽媽學來的。我從小學到高中，整整十二年的時間，媽媽每天晚上都不看她最愛的八點檔，而是陪著我寫功課。她只是坐在我的床邊，打毛線或做些雜事，當我讀書讀累了，就和媽媽聊聊天。她小時候沒機會受太多教育，沒辦法教我功課，更不會特意檢查作業，就只是單純的陪伴在旁邊，對我來說，這是一個很溫暖的記憶。

還是那句老話：身教重於言教。只要父母展現自制力，關掉電視和電腦，孩子也就學到這個家庭規則。父母喜歡看書、運動、藝術、大自然，懂得分配和善用時間，孩子也會學到同樣的態度。不要忘了，要教導孩子自制力，父母永遠是最佳的示範、最好的老師。

不要壓抑孩子自主性的需求

隨著孩子年齡的增長，自主性的要求也會越來越高。到了幼稚園階段，孩子的意見越來越多：「我要吃綠色豆豆，不要紅蘿蔔。我要這件藍色的泳衣，不要黃色的。我要帶這個玩具去旅行。我就是要把糖果裝在背包裡，不要用那個盒子……」如果父母強行干預意見，孩子會更加固執地堅持，甚至大發脾氣。

對於孩子的自主性來說，「我要」與「我不要」同等重要，都渴望得到父母的尊重。

這時候，父母不要以「你還小啊，你不懂啦！」或「你不要意見這麼多，叫你穿這件，你就給我乖乖穿上！」之類的言語，輕忽地否決孩子。

當孩子表現出自主性需求時，越壓抑孩子，往後出現的反彈越大，因為孩子的自主性渴求會越來越強烈，在很多事情上故意和父母唱反調。例如父母希望孩子練鋼琴，孩子卻偏偏喜歡打球；父母希望孩子收拾房間，孩子卻偏偏把書本和玩具丟得滿地都是；父母希望孩子晚上待在家裡，孩子卻一直往外跑。甚至，孩子也會拒絕跟父母溝通，因為「我什麼都不想講，反正爸媽也不會聽我說。」

　　換言之，孩子的自主性不會因為父母的否決而消失，只是會被壓抑，日後再以迂迴或扭曲的方式爆發出來。

　　父母如果希望孩子學會自律，在孩子小時候就要適度尊重他的自主性。父母可以想想，在日常生活中哪些事情該由父母決定，哪些事情可以放手讓孩子選擇。例如每天一定要做的事：刷牙洗臉洗澡、乖乖吃飯、做功課、幫忙家事、收拾玩具和房間等等，是沒得商量的，一定都要完成。至於比較不重要的事情，例如牙刷的樣式、毛巾的圖案、碗筷的顏色、玩具箱的擺放、衣服的搭配等等，都可以適度地放手讓孩子學習做決定。至於「今天晚餐想吃什麼？」、「週末要去哪裡玩？」、「你的生日想要如何慶祝？」這類生活情趣的事情，也可以鼓勵孩子多多參與意見，並且用討論的方式讓孩子學會如何作選擇。

　　如此的做法，一方面滿足了孩子自主性的需求，另一方面也訓練了孩子的判斷能力。例如孩子選擇要去某個遊樂園，父母說假日塞車加上人潮排隊，會很辛苦，什麼都玩不到，父母可以藉機跟孩子討論，除了這個遊樂園以外，還有哪些選項也是可以考慮的，避免用「是非題」的方式（要去或不要去）跟孩子對立，而是可以用「選擇題」的方式（我們今天有四個選擇，一起討論看看哪幾個

方案是比較可行的），讓孩子學習參與如何規劃旅遊活動，才會更好玩。

　　如此一來，孩子的自主性得到尊重，同時也學習到父母如何作決定的經驗傳承，原本失望的情緒可以轉化成最好的機會教育。

醫生小叮嚀

自主性的展現不分年齡，父母時時傾聽，滿足孩子的需求，才不會養成孩子的「叛逆性格」。

啟發孩子提問的能力

華人社會的填鴨式教育，常讓人感嘆：孩子只會背書和考試，卻缺乏獨立思考的能力。要突破這個困境，就要培養孩子凡事好奇、勇於提問能力，這可以激發孩子的思考和創意，比背誦標準答案更為重要。

愛因斯坦曾說，如果他有一個小時做研究的話，他願意花五十五分鐘去想什麼是好問題，剩下的五分鐘用來找到正確答案。只要問對問題，許多困難都可以迎刃而解。

根據調查，兒童平均一天會問一百二十五個問題，成年人一天只問六個問題。年紀越大，好奇心迅速遞減。當孩子天馬行空提問時，許多父母甚至會不耐煩，覺得這些問題很無聊。但是孩子的創造力和思考力，正是在這種天馬行空的提問中被激盪出來的。

如何培養孩子提問的能力？最好的辦法是，父母不要急著給孩子答案，而是反過來問孩子問題，然後跟著孩子一起討論和思考。要問孩子哪一類的問題呢？第一類是因果性的問題；第二類是應用性的問題；第三類是兩難性的問題。

第一類因果性的問題又可分兩種，一種是「由果

推因」，比如「弟弟為什麼心情不好？」看到弟弟不開心，讓孩子去推測原因。或者「這次考試為什麼比上次進步？」這個問題很重要，因為多數父母只有在孩子退步時，才會追問原因，孩子進步時，只認為這是理所當然的，卻不去分析為什麼進步。這個問題可以幫助孩子更清

快 | 樂 | 童 | 年 | 好 | EQ | 小 | 常 | 識

喜歡發問的伊西多・拉比

　　1944的諾貝爾物理學獎得主伊西多・拉比（Isidor Isaac Rabi），發現了原子核共振的原理，後來被應用於核磁共振的臨床醫療。某次記者問他，為什麼在科學上能有這麼高的成就？他說，這全要歸功於母親。

　　從小，每天放學回家後，母親總是問他：「今天你在學校裡問了老師什麼問題？」媽媽最關心的不是他今天學了什麼，而是他今天想到了什麼好問題。媽媽的訓練，讓伊西多・拉比從小就習慣發問，並以自己的方式去尋求答案。

楚往後努力的方向。

　　另一種是「由因推果」，從原因來推斷結果，比如「假如小明一直搶人家的玩具，接下來會造成什麼樣的結果？」或者「你覺得，其他小朋友會怎麼看待小明？」結果還沒出現，先讓孩子學習預測未來，思考將來可能會發生哪些情況，可以如何解決等等。

　　第二類應用性的問題是把學習到的知識應用到日常生活中。比如孩子在課本讀到「兄弟要友愛」，就可以問孩子，要如何和弟弟相處，才是友愛的表現呢？讓孩子思考如何把抽象的原則落實在日常生活裡，變成具體的行為。

　　第三類兩難性的問題，比如「得到好成績很重要，做個誠實不作弊的孩子也很重要，如果這兩件事情只能選一個，哪一個比較重要？為什麼？」、「如果誠實和好成績之間有衝突的話，你會怎麼做？」透過這類兩難的問題，讓孩子思考各種價值之間的優先次序。

　　提問之後，下一步就是要找出答案。例如孩子問：「河馬吃什麼啊？」父母不要立刻提供解答，可以帶著孩子一起到動物園找答案，或者到圖書館找資料、上網搜尋相關資源等。重要的不只是答案，學習找答案的方法更有助於培養孩子的創造與思考能力。

　　當孩子擁有自制力、自主性和提問的能力,並能自己找答案,就可以提升面對挑戰的信心,快樂學習和成長。

【第五章】

管教有方法，
父母不必傷腦筋

有愛、有心、有方法，管教孩子輕鬆上手。

現今台灣社會，雙薪家庭已成常態，父母陪伴孩子的時間不多，心懷歉疚的父母習慣以物質來彌補孩子。加上少子化的影響，父母採取愛的教育，盡量不打罵孩子，一不小心就變成溺愛，造成了越來越多的「小霸王」和「媽寶」，任性而驕縱。父母管不住小孩，家庭的氣氛也變得緊張，讓父母頭痛萬分。

管教孩子是父母必須面對的責任。透過管教，孩子才能夠學會是非對錯的標準。那麼，究竟該怎麼管教才適當又有效呢？

不要被孩子牽著鼻子走

　　尊重孩子的自主性，並不是放縱孩子，放任他們為所欲為、予取予求。有些父母很寵愛孩子，不管孩子要求什麼，都一口答應。這樣的教養方式，缺少了很重要的一個環節：沒有給予孩子思考是非對錯的機會，想一想這樣做好不好？孩子滿足了當下的欲望，不用面對挫折，也無從學習等待和忍耐。

　　更嚴重的是，時日一久，孩子會誤以為「自己擁有掌控、支配所有事情」的權力。等到父母發現事態嚴重，試圖管教和介入時，孩子不曾面對過這種權力被剝奪的情境，就會產生親子之間的衝突。

　　溺愛型的父母有時候被孩子惹火了，也會生氣：「爸媽這麼愛你，你竟然還得寸進尺。……」但是把孩子罵了一頓，發洩情緒之後，這些父母又會擔心自己罵得太兇，於是產生彌補心態，對孩子的無理要求又再度退讓。如此反反覆覆，孩子搞不清楚父母的管教尺度和界線，於是繼續我行我素。孩子學不會規矩，父母一直在為孩子的「叛逆」頭痛，追根究柢，其實與管教方式有很大的關係。

　　管教太鬆或太嚴都不是恰當的態度，最好的方式是根

快 | 樂 | 童 | 年 | 好 | EQ | 小 | 常 | 識

三代同堂的教養問題

　　三代同堂的家庭，經常得面對教養態度不一致的問題。

　　一般而言，在管教態度上，年長的祖父母是比較寬鬆的，因此容易縱容和溺愛孩子。而爸爸媽媽的態度通常比較嚴格，尤其孩子的表現會直接關係到父母的責任和面子，因此父母會特別在乎，承受的壓力也比較大。

　　父母與祖父母兩代之間對於管教的不一致，是很常見的現象。年輕父母既要孝順上一代，又要管教下一代，就像夾心餅乾一樣，確實很辛苦。且兩代之間的不一致進而會造成夫妻之間意見分歧，讓情況更複雜。

　　每個家庭的狀況都不一樣，很難一概而論，但是，有一個最重要的原則：夫妻之間的溝通一定要清楚，爸爸媽媽要先站在同一陣線，意見一致、立場確定了之後，再來跟上一代溝通不同的意見。

據孩子的年齡和個性，和孩子討論生活規範、約法三章。同時讓孩子明白，在哪些範圍內是他的自主權，可以學習自己做決定，哪些行為則是越界，不能自作主張，必須聽從爸媽的規定。

在管教過程中，不只是父母在訓練孩子，孩子也在無形中「訓練」父母。孩子很聰明，會利用大人的不一致或歉疚心理，把大人訓練成「理想中的夢幻父母」，意思就是讓他予取予求、為所欲為，不論他闖了什麼禍，父母總是會替他收拾殘局，他自己永遠不必負責任。

在孩子的管教上，最麻煩的情況之一，就是家人不同調。除了夫妻兩人的觀念、做法要一致，爺爺、奶奶、外公、外婆等家族成員，也都算是孩子的照顧者，最好能夠達成共識，把握一致的管教原則和標準，以免讓孩子無所適從，或見風轉舵、尋找靠山，甚至學會「拿爺爺奶奶來挾制爸爸媽媽」的取巧手段。

因此管教時，所有的照顧者一定要達成共識，要一起對孩子負起教養的責任。若是家庭中的照顧者對於管教原則和標準暫時還無法取得共識，也要盡量減少彼此之間的差距，並且絕對要避免在孩子面前為了管教原則的不一致而衝突爭吵。

有效管教三階段

首先，要提醒父母的是，管教不等於處罰，雖然處罰有時候是管教過程中可能會包含的項目之一。

一般來說，有效的管教過程，可分成三個階段：

一、**事前要教導**。在日常生活中，就要教導孩子什麼是正確的行為、什麼是錯誤的行為，建立是非對錯的觀念。

二、**事中要訓練**。當孩子遵行父母的教導時，父母要細心觀察，孩子有沒有遇到困難？適時協助孩子，將教導落實在日常生活中。

三、**事後要糾正**。即使孩子接受了正確的教導和訓練，還是有可能出現不恰當的行為，這時候父母就要加以糾正。「糾正」不只是負面的處罰，也包括正向的鼓勵，以加強孩子「做對事情」的動機。

如果缺乏事前的教導和事中的訓練，卻在看到不恰當的行為時加以懲罰，這樣的管教過程不但事倍功半，甚至還可能導致孩子出現反叛的情緒，得不償失。

【管教三階段範例】

教孩子分享玩具

　　兄弟姊妹之間難免會為了搶玩具而吵架。要解決這個問題，第一步，父母要事先教導孩子：「大家要分享玩具，不可以一個人霸占。」

　　孩子一起玩玩具時，父母要在旁邊觀察，發現孩子開始為了搶玩具爭吵，就必須出面協調並訓練孩子如何處理衝突：「如果你們不願意一起玩，那就每個人輪流玩五分鐘。哥哥玩過了，就要換弟弟玩。爸爸媽媽會幫你們計算時間。」

　　孩子還小的時候，並不了解「分享」的意思，也沒有「不可以搶玩具」的觀念，而是靠父母的教導，慢慢建立正確的觀念和習慣。

　　如果這時孩子仍然不願意遵守輪流玩的規則，例如哥哥還是不肯把玩具讓給弟弟玩，發脾氣大哭大鬧，或是兩兄弟就開始爭吵打架，那就要進入「糾正」的階段。父母要出面仲裁：「暫時取消玩玩具的權利，兩個人都不可以玩。」等過了幾分鐘，兩兄弟都恢復心平氣和的時候，再

重新回到「教導」和「訓練」的階段。

在管教的過程中，如果孩子越來越懂得「分享」，父母也要盡量給予鼓勵和稱讚：「你做得很好！爸爸媽媽講的話，你都很認真聽喔，真棒！」再次加強孩子的正向行為和觀念。

同樣的例子，如果父母沒有事前的教導、事中的訓練，只要看到孩子爭吵，就把孩子大罵一頓，孩子可能會受到驚嚇，卻不清楚為什麼爸媽會突然生氣罵人。孩子可能以為「我們吵到爸爸媽媽了，所以被處罰。」結果下次孩子搶玩具時，心裡想的是「只要不要被爸媽發現就沒事。」如此一來，爸媽期待的管教效果就完全失焦、模糊了。這是父母在管教過程要特別注意的。

管教前要先學習了解孩子的語言

要管教孩子，一定要跟孩子溝通，第一步就是要了解他的語言。

即使是剛出生的孩子，還不會說話，就已經不斷在跟父母在溝通了，透過哭聲，媽媽可以聽出孩子是肚子餓、尿布濕了，還是想睡覺。大人努力去傾聽孩子的語言，並作出適當回應，趕快幫他餵奶和換尿布，這會提升孩子的價值感和歸屬感，知道父母是可信賴的，是關心他且瞭解他的，親子關係也開始產生連結。

對於年幼的孩子而言，遊戲是最直接的語言。要了解語言表達還不太完整的孩子，最好的方式就是陪他們一起玩，從遊戲的過程中，可以看見孩子的個性和反應模式，以及他們是如何觀察世界、理解世界。

每個孩子都有個別差異，所以，要管教孩子，一定要先完整了解這個孩子的語言，我們才能有正確的回應。

讓我說個小故事。某次，我要幫小兒子穿戴圍兜時，大兒子突然把我手中的圍兜搶走，我當下的第一個感覺是很生氣，以為哥哥故意搗蛋。正當我要開口斥責時，哥哥把桌上的另一個圍兜拿給我，我仔細一看才發現，我手裡

拿的是舊的圍兜，釦子壞掉了，太太把新的圍兜擺在桌
上，我沒看到。原來哥哥不是要欺負弟弟，而是要幫我。

　　這個例子再次提醒了我，對孩子來說，肢體行動也是
溝通的語言。尤其是男孩子，常常直接採取行動，不太懂
得要先用言語來解釋。如果我當下立刻斥責孩子，可能就
完全誤會他了。父母要耐心看完孩子所有的行為，再下判
斷，才能確認孩子要表達的意思，知道他行為背後的動機
和目的，千萬不要因為一時氣憤、不明就裡而錯怪孩子。

醫師小叮嚀

要在完整的脈絡中瞭解孩子的行
為，不要斷章取義，誤會了孩子
的動機。

改正孩子不良習慣的三步驟

萬一孩子已經養成了不良習慣，例如吃飯時邊吃邊跑邊玩，大人在後頭辛苦追著餵，要如何改變這個局面，讓孩子乖乖坐下來、認真吃飯呢？像前言中「不肯好好吃飯的小明」，爸爸生氣揍了小明，事後又感到後悔，對小明好言相勸。這樣的一片苦心，可以糾正小明的不良習慣嗎？

其實孩子不肯吃飯的原因很多，比如飯前吃了點心，以致沒有胃口；或是用餐環境裡有玩具、電視的誘惑，讓孩子分心。有些父母一怒之下，把電視關掉，玩具收起來，結果小孩乾脆來個大哭、耍賴，讓父母更加頭痛，不知所措。

要改正孩子的不良習慣，是需要方法的。簡單來說，總共有三個步驟：第一、父母先改變態度；第二、讓孩子承擔行為後果；第三、增強孩子改變的動機。

父母態度改變，孩子才會跟著改變

孩子的不良習慣通常不是一天養成的，要改正這些習慣，也需要一點時間。其中最重要的關鍵是父母的態

度──父母必須先改變，孩子才會改變。

　　面對孩子不恰當的行為或習慣，父母若只是一味責備孩子：「你怎麼老是不聽話？」情況往往不會有所改善。相反的，父母應該先省察自己的態度：「我應該要怎麼

做，孩子才會跟著改變？」

　　例如爸爸可以對小明說：「從今天開始，吃飯時間只有一個小時，你要乖乖坐好，把飯吃完。時間到了，飯菜自然就會收起來，你如果肚子餓，也沒有點心也沒有宵夜。」

　　剛開始，小明一定不會把這些話當真。晚餐時間到了，爸爸再次說明用餐規則，但小明依然把它當做耳邊風，還是拿著玩具跑來跑去，不肯規規矩矩坐在餐桌上吃飯。這一次，爸爸要求阿嬤不必追著小明餵飯，讓他學習承擔自己選擇的後果。晚餐時間一過，爸爸就把飯菜全部收起來，這時小明才知道，原來爸爸說話算話，並不是開玩笑。

讓孩子承擔行為後果

　　要改變孩子的不良行為，許多父母會採用權威的方式，命令孩子改變。但這不是根本的方法，因為這時候，孩子是因為害怕才乖乖聽話，並不是自己真心想要改變。

　　最好的方法，是開放選項，讓孩子自己做選擇。每一種選擇，都會導致不同的結果，孩子必須為自己的選擇負起責任，承擔這個選擇的結果。

　　以小明為例，爸爸給他兩個選擇：一是乖乖遵守吃飯時間，把晚餐吃完；二是邊吃邊玩，等過了吃飯時間還沒吃飽的話，就只好餓肚子。如果小明不以為意，選擇邊吃邊玩。那麼，他就必須承擔起自己行為的後果：餓著肚子直到下一餐。

　　這個原則其實很簡單——以前小明不需要乖乖吃飯，因為他不必承擔任何後果，只要肚子餓，阿嬤隨時會給他東西吃。對小明來說，這個邊吃邊玩的習慣並不會造成任何困擾，一切的辛苦都由大人來承擔，他當然沒必要修正。惱怒不已的大人和無憂無慮的小明，讓吃飯時間變成吵吵鬧鬧的戰場。

　　但現在，新的規則誕生了。他如果不好好吃飯，就要承擔肚子餓的後果，這是他自己所選擇要面對的結果。在這種情況下，他必須修正自己的行為，才能有比較舒服的結果。

　　由於孩子有自由的選擇權，父母就不必嘮嘮叨叨、一直耗費口舌去哄他吃飯，也不必拿出嚴厲的手段強迫他，惹得他哭哭啼啼。透過這個過程，孩子逐漸學會如何做選擇，也學會為自己的選擇負責任。大人則可按照規則來管教，不必再跟孩子吵吵鬧鬧。

　　當然，這與之前對待孩子的方式是不一樣的。在改變規則之前，一定要跟孩子溝通，也就是要有「事前的教導」和「事中的訓練」，一再提醒孩子，家裡的規矩要改變了，給孩子心理準備的緩衝期。尤其是大幅度的改變時，最好提早半個月或一個月預告，提醒孩子進行調整。

快｜樂｜童｜年｜好｜EQ｜小｜常｜識

讓孩子保有選擇的自由

　　當孩子沒有選擇的機會與權利時，一切由父母說了算，孩子只要照做就好。但是父母不可能永遠跟在孩子身邊，當孩子長大，離開父母到外地求學、生活，他要如何為自己做各種選擇？

　　朋友邀約時，要不要翹課出去玩？要不要去夜遊？要不要抽煙喝酒飆車打麻將？……孩子忽然要面對很多選擇，但他從小到大都沒有受過如何做選擇的訓練，眼花撩亂的世界將讓他無所適從，他沒有獨立判斷的能力，只能跟著朋友走。

父母宣布新規定時，態度要認真堅定，但不要威脅或恐嚇。而是以溫暖支持的態度表示：「爸爸媽媽會陪你一起改變習慣，我們一起加油。」更重要的是，所有照顧者的態度和立場要一致，同心協力，才會有具體效果。

更有甚者，這樣的孩子可能變成所謂的「媽寶」。即使長大離家，還是無法照顧自己，或為自己的行為負起責任，總是期待著老師、上司、配偶、朋友會替他收拾爛攤子。這樣的心態，對未來的職場表現與婚姻生活，都不是一件好事。

賦予孩子選擇的自由，要求孩子為自己的選擇負責，才能培養出孩子的思考力、判斷力和自制力，迎接未來人生的挑戰。

增強孩子改變的動機

　　當孩子必須承擔自己選擇的後果，自然就會產生改變行為的動機。

　　每個人都想要追求快樂、逃避痛苦。要鼓勵孩子改變，除了讓他承擔負面的後果，最好再加上正向的誘因，可以讓孩子更樂於改變。

　　例如小明不肯乖乖吃飯，結果是會挨餓；但如果他選擇好好吃飯，父母可以營造愉快的用餐氣氛，先不要去挑剔孩子偏食或者餐桌禮儀不佳等細節，而是輕鬆談笑，讓孩子感覺跟家人一起吃飯的快樂和美好，如此便能增強孩子的改變動機。

　　總之，善用有效的獎勵和誘因，增強孩子改變的意願，是很好的策略，可以讓教養過程更輕鬆愉快無負擔。

【第六章】

善用獎懲，
穩定孩子的情緒

賞罰明確，態度同理，好好說話，堅持原則，
讓孩子在穩定的情緒中遵守父母的規範。

獎勵和懲罰的準則

管教孩子的時候，要如何訂立「獎勵」和「處罰」的標準？這也是許多父母經常問到的難題。

很多父母希望盡量以「獎勵」代替「懲罰」，但又擔心有後遺症，例如要孩子幫忙倒垃圾，孩子就說：「那你要給我十塊錢。」要他乖乖寫功課，他就開始討價還價：「如果我一個小時內寫完功課，你要給我吃冰淇淋！」

如果孩子的目標是為了得到獎勵，而不是自動自發的表現良好，這樣是否違背了管教的意義？這時候，父母該怎麼辦？

訂定日常生活的責任區

其實，父母只要掌握一個原則：就是「責任區」的概念。意即每個人都有自己的份內工作，對孩子來說，早上起床要刷牙洗臉，要準時上學，在學校要遵守團體規範，回家要寫作業，玩具和書包要收好，這是孩子日常生活的責任區，本來就該好好完成。所以在責任區範圍內的活動，是不需要加以獎勵的。就像員工每天準時上班，本來就是份內的責任，並不能跟老闆要求：「我如果準時上下

班，你就要給我加薪獎勵。」

　　換句話說，獎懲只有在超過責任區的範圍時才會出現。例如孩子有了特殊的表現：功課有明顯進步、努力改正了不良習慣、對家人朋友做了一件很好的事等，父母可以給予獎勵，表示讚許。

　　而當孩子疏忽了自己的責任或犯了錯，例如在學校故意搗蛋、欺負兄弟姊妹、玩具和書本亂丟而不聽勸誡、不寫功課、胡鬧頂嘴亂發脾氣⋯⋯，這時候可以給予適度的處罰，以糾正這些不恰當的行為。

　　「責任區」的標準不是一個點或一條線，而是一個「範圍」。父母可以替每個行為訂定出高標和低標的界線，表現優於高標，才有獎勵；表現不如低標，才有處罰。在高標和低標之間的區域，就是責任區的範圍。

　　例如孩子每天要專心看書，我們可以訂定十五分鐘是低標，三十分鐘是高標。如果孩子偷懶，連低標都達不到，就要接受適度的「處罰」；如果孩子很認真，練習超過高標，就有「獎勵」。孩子若專心看書十五分鐘到三十分鐘之間，這是正常的責任區，不需要特別給予獎勵或處罰。

　　為什麼責任區要訂成一個範圍？有三個理由：

　　第一，這樣才有彈性，可以培養孩子的自主性。因為孩子每天的狀態都不一樣，有時候比較累，在責任區裡的時間可能會短一點；有時候心情好，待在責任區裡的時間就久一點。在彈性範圍內，他可以學習為自己負責。

　　第二，如果責任區只是一個固定的點，或一條硬性規定的時間線，孩子和父母都會變得很緊張。例如「每天都要專心看書二十分鐘，沒達到標準就要處罰，達到就有獎賞」，這樣截然二分法的標準，讓孩子每次看完書，都要等著宣判結果，到底今天是要被處罰或被獎勵。常常經歷這樣「不是挨揍，就是有糖吃」的戲劇性對比，會造成情緒上的緊張，每天都在期待或沮喪、開心或難過的兩極之間擺盪，長久下來，也讓家裡浮動著不安的情緒，孩子容易沒有安全感。

　　責任區就是日常生活的範圍，孩子每天寫功課、幫忙收拾碗筷、整理玩具，都是正常的份內工作，百分之九十以上的時間都不必動用到獎懲。這樣一來，孩子的情緒和家庭氣氛才不會一直處在緊繃的狀態。

　　第三，獎勵和懲罰在特殊情況才出現，會更別具意義。得到獎賞的時候，會很珍惜；受到懲罰時，也會留下較深刻記憶，如此更可以達到獎懲的目標與效果。

不斷升高標準，易有反效果

在訂定獎賞標準時，有些求好心切的父母會不斷升高標準，這樣很容易得到反效果。讓我們看看這個例子：

小華是個乖巧認真的孩子，學校功課總是很快就寫完。媽媽心想，既然只花半個小時就完成作業，何不多要求一點，讓小華再寫一張測驗卷。

原本小華寫完功課就是自由時間，她並不想再多做功課，但是她很聽話，所以仍然努力完成。媽媽很高興，決定再測試一下她的學習能力，於是在學校功課、測驗卷之外，又要求她閱讀指定的課外讀物。

小華一直忍耐著，直到有一天，她終於受不了，發了一頓脾氣。這時，媽媽為了安撫她，趕快拿出她最愛的草莓冰淇淋做為犒賞。

媽媽這麼做恰當嗎？你是否也有過類似的經驗和行為？

在這個例子中，媽媽的第一個問題，是不斷的改變「責任區」，把標準一直提高，最初只要完成家庭作業，之後加上了測驗卷，接著又指定新的課外讀物。這樣隨意移動高標，對孩子而言，是將責任區不斷擴大，直到孩子無法負荷，這樣只是在累積孩子的挫折情緒。

其次，不斷增加的高標，會讓獎懲的規則變得混亂。小華乖乖在時間內寫完功課，不但沒得到獎賞，反而換來更多的功課，不啻是一種「處罰」。既然如此，她寧可慢慢寫作業，慢慢拖時間，以免又冒出更多負擔。

第三，聽話的小華忍不住發了脾氣之後，媽媽拿出冰淇淋「獎賞」孩子，小華心裡難免感到錯亂：「為什麼努力寫作業、寫考卷的時候，只會得到更多功課；大哭大鬧，卻得到草莓冰淇淋？」

媽媽的作法，很容易讓小華產生了錯誤的連結：乖乖聽話會獲得「處罰」，發脾氣反而獲得「獎勵」，無形中灌輸了孩子不恰當的觀念。

楊醫師小叮嚀

決定「獎勵」和「懲罰」之前，要先釐清孩子的「責任區」，確定之後，最好短時間內不要任意更改。

獎勵要對等，處罰不等於打罵

什麼樣的獎勵最恰當呢？給零用錢？買玩具？全家出去玩？……

要如何處罰，對孩子比較適合呢？打手心？罰站？幫忙做家事？不准出門？……

相信這也是很多父母頭痛的問題。

首先，在設定獎懲的時候，要注意「對等原則」。有位媽媽告訴我，她聽過我的演講後，開始為孩子設定獎勵標準，孩子表現好，媽媽就在評分表上記一分。只要累計到五百分，就會有獎勵！

「五百分很難達到耶，一定是很大的獎勵吧？」我好奇地問。

「累計到五百分，我就帶他去公園散步。」

老實說，這樣的獎勵讓人有點失望，感覺上跟孩子的努力並不對等，這樣很難鼓舞孩子。

建議最好將獎勵區分等級，只要努力就可以得到一些小小的獎勵，特殊的表現則可以得到特殊的獎勵。例如每次累積到五十分就有小獎勵，累積到三百分就有大獎勵。獎勵跟付出的努力要保持對等。

　　另外，給予獎懲還有一個原則：盡量不要用物質來滿足孩子，最好是給他們「可運用的權利」。例如要鼓勵孩子用功，盡量不要說：「月考一百分，就給你零用錢（或送一個玩具）。」建議可以換成孩子很期待的活動，例如「月考一百分，週末可以玩電腦一個小時（或看電視一個小時）。」

　　因為，若是以實質物品做獎勵，孩子收到禮物後，努力的動機就會降低，要等一段時間之後，禮物玩膩了，孩子才會有動力繼續爭取下一個目標，因此，獎勵的效果並不穩定。若是讓孩子擁有某種渴望的權利，孩子很開心，獎勵的效果也比較穩定，而且父母可以視狀況彈性調整，靈活運用。

　　至於處罰，建議最好不要使用打罵的方式，因為打罵式的管教當下似乎有效，但是孩子會逐漸提高對打罵的忍受力。尤其孩子慢慢長大，對打罵越來越麻木，父母要花更大的力氣才能壓制他。

　　曾經有個孩子在門診時，跟我分享一個祕密，他說：「我一直在等著長大，等我六年級就會長得跟爸爸一樣高，就可以打贏他了！」那孩子的表情相當認真。他為什麼會有這樣的想法呢？原來爸爸經常用體罰的方式來處罰

他，他很不服氣，但自己年紀小、力氣小，所以只好忍耐。他並不是乖乖遵從管教，而是拚命壓抑，累積了許多憤怒。

體罰的管教在當下或許會有效果，但是等孩子長大了，只會帶來反效果。孩子不但沒有學會正向的處事態度，更會造成親子關係的緊張。

那麼，到底怎麼樣的「處罰」才是比較恰當的？我建議父母採取「權利收回」的方式，恰好與獎勵是逆向操作，這也說明了獎勵和處罰並非兩件完全不相干的事，而是管教方式的一體兩面。

舉例來說，我的孩子小時候不聽話，亂丟玩具、亂摔東西時，即使我很嚴厲喝斥：「不可以這樣！」他也當作耳邊風。後來，我發現他喜歡收集糖果，每次都把糖果當做寶貝，仔細收到小盒子裡。因此，只要他不乖，我就告訴他：「你如果不收玩具，爸爸今天就要沒收一顆糖果。」孩子一聽到要沒收糖果，態度馬上從嬉皮笑臉變成認真思考。晚上幫他洗澡時，他就跟我說：「爸爸，可不可以不要沒收糖果？」我立刻藉著這個機會和他討論：「其實糖果會不會被沒收是由你決定的，只要你把玩具收好，糖果就不會被沒收。」

　　這個經驗讓我發現，原來糖果是我的孩子當時最在意的東西」。每個父母也可以找出自己孩子最在意的東西，例如看電視、玩電腦、騎腳踏車、出去玩等等，來作為行為訓練的媒介。

　　有父母很納悶地問我：「醫師，我的孩子什麼都不在乎啊！怎麼辦？」

　　一般而言，孩子一定有自己喜愛的東西，只是父母沒發現。有些父母限制孩子太多，導致孩子沒有私人物品，或無法表達個人意見，這不一定是件好事，孩子會認為：「反正我的東西都被你收走了，我的喜好你們也不在乎，要怎麼樣都無所謂！」

醫師小可嚀

管教的三大原則：
1. 行為規範要堅持。
2. 情感態度要同理。
3. 賞罰標準要明確。

　　因此，我建議父母應該尊重孩子的意願，讓孩子適度保有一些自主的權利、自己喜愛的東西，或個人空間的私密性。當孩子很喜歡、看重一些事物，不但可以做為跟孩子討論善盡責任與享受權利的觀念，也是獎懲的立基點，藉以矯正孩子行為的好方式。

設計行為規範表

　　為了訂出獎懲標準，父母可以列出一份行為規範表。通常孩子到了兩、三歲就可以為他量身打造一張表格了，列出幾個你最希望孩子達到的行為目標。例如收好玩具、乖乖吃飯、生氣不可以大吵大鬧等等，然後訂定他的責任區，跟孩子說明和討論後，彼此約定，表現超過高標可以獲得什麼獎勵，低於標準則會受到哪些懲罰。

行為規範表

項目 ＼ 星期	一	二	三	四	五	六	日
1. 不可以跟爸爸媽媽頂嘴							
2. 只提醒一次就主動完成應該做的事情							
3. 認真完成學校的功課							
4. 主動照顧弟弟或妹妹							
5. 要和弟弟或妹妹輪流玩玩具							
6. 睡覺前要收玩具							

　　透過每日表格的紀錄，可以逐步累積孩子的自制力，達到管教的最後目標——孩子自動自發守規矩，大人不發脾氣，孩子也不耍賴吵鬧——家庭氣氛和樂融融，孩子才能保持心情愉快，不會陷入負面、焦躁的情緒裡。

　　如果沒有從小規範孩子的行為，孩子可能反過來以哭鬧的方式來控制父母，訓練父母成為孩子心目中的「理想」父母，予取予求，那就角色顛倒，父母真的淪為「孝子」了。這麼一來，不只父母傷腦筋，也可能影響孩子未來的人際關係，豈可不慎！

　　一般人想到行為規範表和打分數，就覺得很緊張。但這張表格只是想要提醒孩子，所以千萬不要讓它變成壓力。父母可以發揮巧思，買一些可愛的貼紙，如果孩子今天表現很好，就貼上拍手、蛋糕、放鞭炮或煙火等象徵慶祝的圖案。如果孩子的表現平常，就貼上笑臉、陽光、小花等表示愉快的圖案。如果孩子今天的表現不佳，就貼上哭臉、下雨、戴墨鏡等圖案，提醒孩子要加油。孩子看著表格裡的可愛貼紙的符號，就可以一目瞭然，知道自己表現好的日子有多少，可以鼓勵他越來越進步。

種什麼因，結什麼果

　　人的一生中，經常整天忙忙碌碌。如果將所作的事情根據「重要性」和「緊急性」兩個向度來加以區分，我們大多數時間都在處理哪一類事情呢？

　　許多人會覺得自己正在處理的都是「重要又緊急」的事情。其實不然。大部分的人花最多時間處理的，往往是「緊急，但不重要」的事情。

　　怎麼會這樣呢？

　　其實人生裡真正重要的事情，通常都不太緊急，例如大家都知道「健康」很重要，但是維持健康卻不是很緊急的事情，連續幾天大吃大喝、熬夜不睡，還不至於會立刻危及健康，但若持續好幾年天天大魚大肉、日夜顛倒，身體肯定會受不了。

　　同樣的，親子關係的經營也是很重要，但不緊急。孩子會跟父母在一起生活十幾二十年，感覺上跟孩子在一起的時間多的是，沒什麼急迫性，所以父母常常會去忙手邊的工作和應酬，而犧牲了與孩子相聚的時間。

　　許多家庭經常上演這樣的畫面：爸爸忙了一天下班回到家，孩子很高興繞著爸爸嘰嘰喳喳，要跟爸爸分享很多

快樂的小事，吵著要爸爸陪他玩。但爸爸很累了，只想休息，所以就叫孩子不要吵，自己乖乖去看電視、玩電腦。

　　如果這是偶爾出現的畫面，可能影響不會太大。如果

快｜樂｜童｜年｜好｜EQ｜小｜常｜識

時間四象限法

　　這是美國的管理學家科維提出的時間管理理論，把工作按照「重要」和「緊急」兩個向度，根據不同的程度，可以劃分為四個象限：

1. 既緊急又重要（如客戶投訴、期限內必須完成的任務、財務危機等）。
2. 重要但不緊急（如建立人際關係、人員培訓、制訂防範措施等）。
3. 不緊急也不重要（如上網、閒談、回覆一般郵件、看臉書等）。
4. 緊急但不重要（如電話鈴聲、不速之客、部門會議等）。

這種親子相處模式已經變成常態，那就麻煩了。孩子會覺得失落、無聊，轉而把電視和電腦當作最好的朋友，它們隨時都可以陪伴他，從來不會拒絕他。

在這四個象限中，重要但不緊急的事情經常被我們忽略，然而忽略這類事情所產生的副作用往往非常嚴重。另外，也要注意區分第一類和第四類事情，它們都是緊急的，但前者幫助你實現某種重要目標，而後者對團體和對個人都沒有太多助益，卻往往花費了我們很多時間。

重要

重要但不緊急： 建立人際關係、人員培訓、制訂防範措施等。	既緊急又重要： 客戶投訴、期限內必須完成的任務、財務危機等。
不緊急也不重要： 上網、閒談、回覆一般郵件、看臉書等。	緊急但不重要： 電話鈴聲、不速之客、部門會議等。

不緊急　　　　　　　　　　　　　　　　　　緊急

不重要

　　等到孩子大了，父母卻反過頭來唸孩子：「怎麼每天放學回家就開電視、窩在電腦前面，也不會跟爸爸媽媽聊聊天？」時間拉回到過去幾年，當孩子把電腦和電視機視為保姆時，爸爸媽媽其實正在拱手出讓與孩子建立關係的大好機會。

　　父母要警覺時間流逝飛快，當你終於從忙碌中抬起頭來，轉頭去尋找，就會發現孩子在不知不覺中已經長大了，而你們的距離也逐漸在拉遠之中。

　　如果你錯過孩子的童年，那些珍貴的時光是一去不復返的。千萬不要再錯過孩子的青春期，錯過這段歲月，孩子就要高飛，飛向完全屬於自己的成人世界了。

　　趁著孩子還小，盡量珍惜家人相處的時光，重新調整自己的時間分配，不要忘記生命中最重要的事：健康、快樂、親情和友誼。只要願意付出時間給孩子，就會得到親密快樂的回報。

【第七章】

同理孩子的情緒，
有話好好說

管教過程，孩子難免傷心，
父母要理清自己和孩子的情緒，才能引導孩子。

　　前面提到，要讓小明改變吃飯亂跑的行為，父母自己必須先改變。如果小明今天在吃飯時又選擇到處亂跑，爸媽就要堅持原則：「你不好好吃飯，時間到，我就把飯菜收起來囉。你就得餓肚子。」這樣做，是為了讓小明承擔自己選擇的後果。

　　很多父母一定會嘆口氣：「我們怎麼可能讓孩子餓肚子？如果他肚子餓，又哭又鬧，我還繼續堅持原則，不是太狠心了嗎？這樣做，會傷害到孩子的心吧？」

　　當孩子出現不恰當行為，父母要加以管教，彼此的情緒和關係都會陷入緊張狀態。尤其如果孩子哭哭啼啼，父母難免會心軟，捨不得讓孩子這麼難過。這時候，父母該怎麼辦？

　　讓我們繼續以不肯好好吃飯的小明為例，來說明管教上常見的難題。

傷心不等於傷害

為了讓小明學習承擔後果，爸爸媽媽這回真的狠下心，用餐時間結束就把餐桌上的飯菜收起來。小明的反應果然如爸媽預期，開始大哭大鬧，甚至口不擇言發脾氣：「我肚子好餓！你們是壞媽媽、壞爸爸！」

小明的爸媽又陷入天人交戰，很擔心這樣做會傷害到孩子，或造成孩子心理上的陰影。

這確實是管教上的一大難題。當父母堅持行為規範，孩子必須承擔行為後果時，孩子常會以哭鬧、控訴做為抗議，讓父母出現「歉疚感」。看到孩子哭得這麼傷心，父母也開始自我質疑：「我會不會太嚴格了？他都哭成這樣了，我是不是該讓步？」

因此，很多父母會對哭鬧的孩子妥協，馬上拿出宵夜和點心，好聲好氣安慰孩子：「好好好，你趕快吃。今天就算了，但是你明天絕對不可以再耍賴，該吃飯的時候就要乖乖吃飯，知道嗎？明天你再餓肚子，我就不管你了喔！」

結果到了第二天，孩子很可能依然故我。這下子，父母該怎麼辦？要再次堅持？還是要再次放棄？不妥協，怕

　　傷害孩子；妥協，孩子依舊我行我素，學不會承擔。這真是讓父母左右為難。

　　在這裡，我們必須澄清一個觀念：「孩子傷心」不等於父母「傷害了孩子」。管教很可能會讓孩子傷心，但是，傷心並不等於傷害。

「傷害」是出於自私心理，只求父母自身滿足

　　「傷害」是什麼呢？當我們出於自私——例如為了顧全自己的面子和尊嚴、為了平復心中的憤怒和不安——而將自己不滿的情緒發洩在孩子身上，甚至不惜虐待他的身心，這就是一種傷害。

　　至於「傷心」，則是一種情緒反應。當現實和期望不一致時，面對這份失落，我們很自然會感到傷心和難過。

　　如果爸媽看到小明肚子餓而哭鬧，覺得很高興或得意，有種報復的快感：「誰叫你剛剛不乖乖吃飯，現在沒東西吃了吧，活該！」、「剛剛好言叫你吃，你不吃，現在知道餓了吧！下次看你還敢不敢！」甚至冷嘲熱諷：「你剛剛不是說你不餓？現在哭什麼？羞羞臉！」、「你不是很愛玩玩具？都不用吃飯？現在再去玩啊！玩玩具就不會餓了啊！」……把自己受挫或生氣的情緒發洩到孩子身上，那就是一種「傷害對方」的心態。

　　當然，絕大部分的父母絕對不會在當下感到開心，他們通常不捨得孩子餓肚子，會陪著孩子一起「傷心」，一起難過。不過，世界上還是有一些蓄意傷害孩子的照顧

者。在這樣環境下長大的孩子，心理上確實會有深刻的創傷，甚至會做出傷害自己或傷害別人的行為。

2008年6月，東京著名的電氣街秋葉原發生一起駭人案件，有個年輕人開車瘋狂撞人並持刀亂砍，造成十多位無辜路人死傷，震驚全日本。

事件發生後，日本社會對於一名年輕人會出現如此的瘋狂行為感到不解，日本警方追根究柢處理此案，深入調查後發現，這樣駭人的行徑與該名年輕人的成長背景有著極大的關聯。

根據報導，作案男子曾經是個受虐兒。兇手的弟弟對媒體說：「母親對我們非常嚴厲，她相信有好教育才有好前途。有一次，哥哥不知犯了什麼錯，媽媽把飯菜倒在地板的報紙上，強迫他像狗一樣趴在地上吃飯，哥哥一邊吃一邊哭。」

兇手的弟弟也說，母親總是尋求完美，如果發現他們的表現沒達到標準，就會加以嚴酷的懲罰。可能因為在這種環境下成長，兇手十五歲就開始出現暴力傾向，成績也迅速下跌，讓他失去自信，也擔心失去母親的愛。

這名母親的行為，很明顯對孩子構成了「傷害」。她的嚴厲和完美主義，都出自她自己的觀念和性格，卻以慎

怒和報復的暴力形式，強加在孩子身上。結果孩子也在青少年時期就出現暴力傾向，跟母親一樣，把憤怒發洩到無辜的人身上。

當然，這是一個很極端的例子。絕大多數的父母都不會如此虐待自己的孩子。我們要小心的是，在日常生活中不自覺的言語和態度，對孩子所造成的情緒傷害。

多數父母認為，動手打罵才會傷害孩子，只要沒有體罰，就是愛的教育。事實上，有些不經思索就脫口而出的話語，可能更有傷害力，例如「你不是覺得自己很厲害？現在看你的臉往哪裡擺！」、「看看你這次的考試成績，你的頭腦是裝豆腐渣嗎？」、「你再不聽話，就給我滾出去！我不要你了。」、「你真是笨，我怎麼會有你這種兒

醫生小叮嚀

管教孩子時，不要傷害孩子的自尊心，不要用羞辱的方式對待孩子。

子？真丟臉！」用這種冷嘲熱諷、幸災樂禍、嚴厲批評的口氣和孩子說話，讓他感覺到被羞辱，此時孩子心理所受到的傷害不會比體罰來得小。

成長過程中，難免傷心

現實與預期出現落差時，總是讓人傷心。每個人的成長過程，難免會遇到傷心事，俗話說：「幻滅是成長的開始」，能夠面對傷心的情緒，學習接受傷心的事，是成長必經的一部分。

而在管教過程中，焦急的父母看到孩子傷心，就以為「孩子受到傷害」。這兩者乍看相似，實則大不相同。若父母將孩子的傷心當作「受到傷害」，很容易在管教過程中產生罪惡感，覺得自己不應該這樣對待孩子，因此放棄管教的責任。

比較常見的情況是，父母自身在成長過程中曾遭受傷害，被忽略、被拒絕、被冷漠對待或被暴力相向，覺得從來沒有人關心他的感受，也沒有人真正愛過他，那麼每當他看到孩子傷心的表情，就會把自己過去受到傷害的經驗投射到孩子身上，看著哭泣的孩子，心想：「他現在一定就跟我小時候一樣，感到很孤單、很悲傷、很無助。我為什麼要這樣對待他？」這樣的投射，往往讓管教中斷。

事實上，孩子受到管教時，一定會很不高興，父母必須先做好準備來面對他們不高興的情緒，和無理取鬧的反

彈行為。只要這個管教是正確的，可以幫助孩子建立良好的性格和行為規範，父母就必須堅持，不能受孩子眼淚的操控，這樣才能真正幫助孩子。

面對孩子的哭鬧，父母一定要預先做好心理建設，而且要很清楚地解釋，讓孩子知道：「爸爸媽媽這麼做，是有原因的，因為……」、「爸爸媽媽知道你很難過，但是我們希望你要遵守約定，所以不能破壞規矩。」……

孩子年紀小，有時候無法理解父母的道理和堅持，但是卻可以感受到父母認真解釋的態度。總有一天，孩子長大了，會反過來真心感謝父母的用心教誨。

所以，在教養孩子的過程中，父母自身的反省和覺察非常重要，必須不時提醒自己兩件事：千萬不要把童年創傷投射到孩子身上；出發點確實是基於愛，而不是為了操控孩子、報復孩子，或者為了自己的虛榮和面子，而強迫孩子完成自己未竟的夢想。

唯有真正以愛出發，親子之間才無需懼怕衝突。讓我引一段《聖經》的話，與父母共勉：「凡管教的事，當時不覺得快樂，反覺得愁苦，後來卻為那經練過的人結出平安的果子，就是義。」（希伯來書十二：十一）

醫｜學｜小｜常｜識

兒童情緒障礙的類型

　　最常見的兒童情緒障礙是「分離焦慮障礙」：和親人分開時，即使時間並不長，還是會出現過分焦慮的情緒，甚至出現恐懼反應，很擔心害怕親人不再回來，而不願意分開。例如小孩子不肯去上學，因為不願意離開爸媽身邊，若強迫他去學校，就哭鬧到喘不過氣，或者感到頭痛、肚子痛，但是身體檢查後沒有任何異常狀況。很明顯這是情緒壓力引起。

　　其次是「社交畏懼症」：對人際關係表現出過分的緊張、害怕或恐懼，不敢跟人交談或互動，在陌生環境中尤其嚴重。一般孩子到不熟悉的環境，表現出害羞和退縮是正常的，但若情況持續太久，例如已經入學一段時間，情況依然沒有改善，不敢與同學接觸、一講話就臉紅結巴、手腳發抖、臉色蒼白，就要考慮就醫評估。

　　另外還有「兒童憂鬱症」：明顯的心情低落，常常為了一些小事就流淚傷心，本來熱衷的活動後來都不再感興趣、不願意參加，睡眠和飲食也出現問題。

不要在外人面前處罰孩子

　　要避免傷害到孩子的自尊心，有一個重要的原則，就是不要在外人面前處罰孩子。

　　有些時候，管教與報復只是一線之隔。例如當學校打電話來，通常壞事多於好事，不外乎是孩子和同學打架、貪玩受傷了、考試退步、在教室不肯好好聽課、搗蛋闖禍等等。父母接到學校電話時，心裡難免又驚又氣，還沒到學校，心裡已經跑出一連串的負面念頭：「氣死我了。我辦公室這麼忙，這傢伙又給我找麻煩。讓我在其他家長面前丟臉！」、「都是因為你，害我常常要跑學校，老師一定覺得我們是無能的父母，只會縱容孩子！」

　　一旦覺得自己的面子掛不住、自尊心受挫，或壓力太大，父母很容易就會直接把氣出在孩子身上，當著老師和同學的面責罵孩子，來證明自己盡心在管教。這種充滿憤怒情緒的公開責罵，常常讓孩子羞愧得滿臉通紅，下不了台，甚至哭了起來。有些父母看到孩子哭，更有氣：「你也知道丟臉？那你為什麼還要犯錯？」、「你給我當眾跟老師說對不起！說你下次不敢了！說啊！你不說，我就揍你！」……

　　這時候，父母好像一定要看到孩子羞愧哭泣，才會甘心。這已經不算是管教，而是報復了，潛意識的念頭是：「好啊，你給我惹麻煩，我也不要讓你好過！」

　　不止學校如此，在家庭聚會中也常出現這樣的混亂場面。孩子之間吵架，或孩子跑來跑去不小心打破東西，只要親戚間有人批評幾句，有些父母就覺得要當眾處罰孩子給大家看，證明自己注重家教。這只是為了滿足父母的面子，並不是為了孩子著想。

　　不要讓善意的管教變成惡意的報復，父母一定要對自己當下的情緒和行為有敏銳自覺，千萬不要落入「你讓我沒面子，那我也讓你沒面子」、「你不聽我的話，我就讓你不好過」的報復情緒裡。

　　更重要的是，千萬不要打小孩給外人看。處罰小孩一定要關起門來，讓孩子面對自己的問題，不要讓他在同儕或親戚面前失面子，這樣會傷害孩子的自尊心，讓他感到羞辱和憤怒。

　　那麼，在公共場合該如何管教孩子呢？

　　很多孩子都知道，在公共場合只要大哭大鬧，就可以挾持父母，害怕難堪的父母常會因為別人的眼光，而答應孩子的要求。如果你也經常遇到類似的狀況，該怎麼辦？

以本書前言中要在大賣場坐電動車的嘉嘉為例子，我給父母的建議是：

一、在問題還沒發生之前，先跟孩子約定好，比到了現場孩子開始哭鬧，更容易處理。例如要去大賣場的時候，就先跟孩子約法三章：「今天，你如果要去遊戲區，只可以玩兩次。如果你到時候不遵守約定，我們就立刻回家。」

二、到了現場，快要靠近遊戲區的時候，可以再次提醒孩子：「等一下會去玩電動車，你要記得剛剛跟爸爸媽媽的約定，只能玩兩次。」讓孩子知道，爸爸媽媽的態度很明確。

三、如果到了現場，嘉嘉玩兩次還是故態復萌，耍脾氣不肯走，該怎麼辦？這時候，父母要堅守立場，帶她離開現場，即使嘉嘉大聲哭鬧，也不要回頭或妥協。一定要讓孩子清楚感覺到，這一次父母是言出必行，說到做到。

當然，教育孩子不會一次就成功，父母可能要做好「多練習幾次」的心理準備。甚至可以把兒童遊戲區當作教育場所，有時候即使不打算買東西，也可以特意帶孩子去玩一下，多次的訓練，直到讓孩子學會遵守約定，控制

自己。

當孩子清楚父母的底線──就算在公共場合，也無法利用人群的優勢來控制父母──他自然就學會了遵守承諾。父母並不需要打罵或生氣，或用強硬手段把孩子拖回家。只要用對方法，管教其實可以很輕鬆。

醫師小叮嚀

做好事前的叮嚀，以及對約定、規則的堅持，經過多次練習之後，孩子在公共場合就能控制自己的情緒。

管教孩子要採取有效的態度和語言

　　管教孩子要達到效果，還有一個重要的關鍵，就是對孩子的同理心。我們再次回到小明的例子。

　　當飯菜收起來之後，小明肚子餓，開始哭鬧時，爸媽千萬不要擺出冷嘲熱諷的態度，或扳起臉說教：「還哭！這是你自己做的選擇啊，爸爸有逼你嗎？」、「誰叫你剛剛不吃飯，現在知道後果了吧！」當然，更不要怒罵。孩子已經因為自己的選擇而付出代價，在承受餓肚子的後果了，父母沒有理由再罵他。

　　如果像前言的故事中那樣，爸爸動怒了，揍了小明一頓，發完脾氣後看到小明很可憐地坐在客廳地板上哭泣，開始自責，為了彌補小明，也為了撫平自己的愧疚感，又馬上去張羅宵夜或點心。請問，小明會怎麼想呢？小明的結論可能會變成：「問題不在我，而是在爸爸，爸爸很愛亂發脾氣，只要等他氣消了，我就會有點心吃！」如此一來，孩子根本不會自我反省，因為問題變成了「愛亂發脾氣的爸爸」。這就是一種無效的管教態度。

　　面對小明的哭鬧，這時候，父母最好的態度是要同理孩子的情緒。爸爸可以堅定但溫柔的告訴小明：「我知道

你肚子很餓。這樣一定很難過。」這句話不表示父母放棄行為約定，而是表達出「我了解你現在的感受」。

同時，爸爸也可以試著跟孩子討論現在的心情和想法，「覺得難過嗎？生氣嗎？」爸爸也可以再次說明為何要這樣做，因為每次小明不好好吃飯，爸媽和阿嬤都很煩惱，真的不能再這樣下去，所以一定要建立新的規則等。爸爸可以用同理心跟孩子討論，下次吃飯時，孩子的行為模式必須做出修正和改變。

管教的目的不是為了懲罰孩子，而是讓孩子學會修正和改變。透過同理和討論的過程，親子之間可以發展出「一起解決問題」的伙伴關係，而不是高壓命令、劍拔弩張的對立關係。

簡而言之，有效的管教態度是在「情緒」上同理孩子的難過，但「行為」上堅持他必須承擔後果。同理與堅持必須「並存」。

如何跟孩子好好說話？

在管教孩子的過程中，要確保孩子聽到了也聽懂了父母所說的話，父母的心意要清楚傳達給孩子。如果不能有效傳達，卻希冀孩子聽話，豈不是緣木求魚？

父母最好把握下述四項原則，才能展開親子之間良好的溝通：

重要的話，講越少次越好

要讓孩子願意傾聽，並且重視你講的話，父母要記得，要求孩子的話語，盡量講越少次越好。

很多孩子都會抱怨爸媽很嘮叨囉唆，而爸媽則反擊：「你要是乖乖聽話，我就不用嘮叨了！你以為我喜歡囉唆嗎？還不都是為了你好。」

爸爸媽媽以為重要的事要多講幾次，孩子聽久了總會記住。殊不知，一句話重複太多遍，孩子反而不會認真聽。如果有個命令父母要講一百次孩子才會聽，那麼孩子心裡會想，其實前面九十九次都是不重要的，我只要第一百次再專心聽就好了。

所以父母與孩子溝通時，務必記得：同樣一句話，

例如「吃飯要坐好」，講一次是具體要求，講第二次就是囉唆，再講第三次就變成噪音。尤其是年幼的孩子，會覺得：「我在玩，幹嘛一直吵我啊！」於是選擇直接忽略媽媽的聲音。

重要的話講越少次越好，讓孩子知道，父母講的話要注意聽，養成專心聽話的習慣。

一次只交代一件事情

和孩子溝通時，一次講一件事情就好，不要一口氣交代太多事情。有時候不是孩子做不好或者故意不做，而是父母一下子交代太多事情，讓他們無法消化。

比如小青放學回家時，才剛踏進家門，媽媽就從廚房探出頭來：「小青啊，你先去洗手，洗完手後去換衣服，然後去房間寫功課。功課寫完去洗澡，洗完澡就來吃飯！」

媽媽喊完一長串的指令後，就回廚房做飯了，小青卻有聽沒有懂，完全不記得該去做哪一件事。

媽媽應該一次交待一件事情，尤其對年紀小的孩子。她可以跟小青說：「你先去洗手，洗完回來跟媽媽報告。」等小青回來讓媽媽檢查手有沒有洗乾淨時，媽媽再

交待他：「現在去換衣服。」一件一件交代，完成了一件事再做下一件。等孩子年紀大一些，就可以同時交代幾件事。用一長串命令來轟炸孩子，通常不會有好效果。

降低音量慢慢講

小孩子在家難免吵鬧，特別是有兩個以上的小孩，更是難得清靜。有時候處罰其中一個，他硬是要拖另一個下水，大聲告狀：「媽媽，你不公平啦！都是妹妹害的啦！上次妹妹這樣對我，你也沒有處罰她。我今天這樣，你就處罰我。」

正在炒菜的媽媽一聽到告狀，原本已經滿臉油煙，現在更是怒火中燒，忍不住對著孩子大吼：「不要吵！你給我小聲一點！」孩子馬上噤聲。

試問孩子為什麼安靜了？是因為他知道媽媽的辛苦嗎？還是他知道自己不對？都不是，他並沒有認同媽媽叫他「小聲一點」，而是因為媽媽吼得比他大聲，他不得不屈服。

當孩子大呼小叫時，父母不要跟著越吼越大聲，相反的，應該要先降低自己的音量，態度堅定、口氣平穩地跟孩子說：「講話不要大吼大叫，要好好講。」讓孩子學習

其實不用大聲也可以好好溝通。

尤其年幼的孩子正處於模仿父母的階段，父母遇到事情就吼叫，孩子們也會模仿，他們學習到的是「誰大聲就聽誰的」。等到孩子長大，吼得比父母還大聲了，就真的再也管不動了。

孩子聽話時，要多給予關注和鼓勵

當孩子聽話，表現得循規蹈矩時，父母一定要記得給予關注和鼓勵。千萬別逮到片刻空閒，就認為：「難得他這麼乖，我一定要好好享受一下，泡杯茶看電視，終於可以不用管他了。」

當孩子表現好時，父母不要覺得這是難得的清靜時光，就可以忽略孩子。如此容易造成孩子的錯覺：「原來我要吵吵鬧鬧，爸爸媽媽才會注意我，我很乖的時候，他們就冷落我了。」

在他乖乖聽話時，反而更應該得到大人的關注和獎勵，例如可以給予口頭上的讚美，讓他知道自己這麼乖，父母都看在眼裡。相反的，孩子不乖吵鬧，父母最好冷處理，不要緊盯著他，跟著他一起起舞，以免不知不覺增強了負面的行為。

【第八章】

傾聽孩子的需求，
陪他走過叛逆期

教養孩子的最大成就，
是孩子成為沒有恐懼、沒有陰影的獨特個體。
滿足孩子自主性的需求，孩子就不需要叛逆了。

相信對很多父母來說，一聽到「叛逆期」三個字，就感到頭痛吧。

很多人以為，叛逆期就是指青少年階段。其實，在孩子的發展階段中，第一個叛逆期，通常在兩歲左右就會來臨。有句英語俗話：「terrible two（可怕的兩歲）」。華人社會也有一種說法：「兩、三歲的孩子，連狗都嫌」。

這個階段的孩子，開始會走路會講話，逐漸意識到自己是完整且獨立的個體，不願意再整天依附在父母身邊，「自主性的需求」明顯出現，凡事都有自己的主張，對父母的指令不再照單全收，甚至會故意表示反抗，最典型的反應就是「NO」、「不要」，一直搖頭表示拒絕。「你要喝水嗎？吃東西？」「不要！」、「天氣太涼了，把這件衣服穿上。」「不要！」、「你看，這個玩具很好玩耶！」「不要！」、「不要爬那麼高，很危險，趕快下來。」「不要！」……

多數的幼兒都是先學會「搖頭」，之後才學會「點頭」。「我不要」正是建立自主性的開始。

多陪伴孩子，培養信任基礎

我在序言中引用一段話來勉勵父母：

「如果零到六歲，父母沒有時間陪伴孩子；七到十二歲的時候，父母就要花兩倍的時間跟孩子建立關係。

「如果七到十二歲，父母還是沒有時間陪伴孩子；十三到十八歲，父母要花四倍的時間和孩子建立關係。

「如果十三到十八歲，父母依舊沒有時間陪孩子；十八歲以後，這個孩子就不是你的了。」

這時候，即使父母想要跟孩子親近，孩子也不會在乎了。

為什麼會這樣呢？主因在於：建立彼此信任關係的機會已經流逝了。這也是父母與青少年子女在相處或溝通上出現問題的主要原因。一旦失去信任的關係，父母苦口婆心講得再多，孩子也聽不進去。

其實，青少年階段會出現的親子衝突、管教難題，應該更早以前就已經出現且存在了，只是當時孩子年紀小，不會也不敢太明顯反抗，嚴重程度不大，父母或許就忽略或輕忽了。

跟孩子建立親密互信的關係，要越早開始越好。孩子

小時候，是培養良好親子關係的黃金關鍵期，父母應該盡量多花時間陪伴孩子，和孩子相處，共度親密時光，培養良好的信任基礎，管教起來就輕鬆如意了。而快樂又親密的童年，更是孩子一生發展的珍貴資產。

如果已經碰到青少年的叛逆行為，該怎麼辦呢？

最根本的解決之道，還是要回到起點，和孩子重新建立信任，培養親密關係。父母要下定決心，把和孩子相處當作最重要的一件事，並且特別留意以下的相處原則：一、尊重孩子的自主權；提供孩子選擇的機會，並且清楚地與孩子討論不同選擇會帶來的不同結果；教孩子承擔起行為的責任；二、責備孩子時要有同理心，從愛與關懷出發；不要把自己的虛榮和面子投射到孩子身上，也不要將自己的憤怒與挫敗情緒發洩在孩子身上；三、不要吝惜鼓勵和獎勵孩子，切記幫助孩子建立價值感、歸屬感和能力感；四、重視孩子的心情與需要，讓孩子感受到父母一直陪伴在自己身邊。

只要孩子還沒完全長大，就一定需要父母的肯定與陪伴。到青少年階段才要開始跟孩子建立親密關係，雖然挑戰比較大一些，但只要願意開始，永遠都不嫌晚。

叛逆表示需要更多自主

其實「叛逆期」並不是很精確的名稱，臨床上也沒有明確的「症狀」，可以用來檢查、確認孩子是否處於叛逆期階段。

一般觀念以為，叛逆期和荷爾蒙有關，所以青少年階段是叛逆期的高峰。然而，臨床上並沒有明確的證據，可以支持叛逆期和荷爾蒙的絕對關聯。有些青少年儘管身體內的荷爾蒙正在劇烈改變，卻沒有太多叛逆的表現；許多傳統社會和文化也從來沒有「青少年狂飆期」的概念和說法。所以青少年和叛逆期並不一定會劃上等號。

有學者建議，應該改用較中性的名詞來代替「叛逆期」。所謂叛逆期，是表示這個階段的孩子需要更高的自主性，或許「高自主需求階段」會是比較合適的說法。

事實上，不管幾歲的孩子，都有確立自主性的心理需求。通常隨著年紀增長，越渴望得到父母和大人的尊重，並希望生活大小事都可以自己做決定。到了青少年階段，正是準備要跨向成年期的交界，自主性需求也達到高峰。

「高自主性」的展現或許會挑戰父母的權威，不再完全聽從父母的意見，但它並不是偏差行為，反而是培養孩

子判斷力的機會。如果父母藉著放手，讓孩子透過生活中的大小事，學習自己做選擇、做決定，並承擔起結果的責任，孩子就會越來越成熟，對凡事能有定見和判斷力，不會人云亦云，隨波逐流。

相反地，如果孩子的成長過程中，從來沒有自己做決定的機會，一切都聽父母和老師的，雖然獲得大人們的稱讚，但未來面臨的人生問題反而會更大。

舉例來說，如果孩子在家裡總是個乖乖牌，不論是穿衣服、做功課、房間佈置、才藝班的選擇、要念什麼科系，所有事物都由父母決定，長大離開家到外地求學之後，甚至出國念書，父母再也無法跟在孩子身邊時，孩子就會茫然失措，不知道該如何生活了。

這時候，孩子最常出現的情況有幾種：一、宛如脫韁的野馬，什麼事都想要去嘗試，滿足以前被壓抑的自主性和好奇心；二、膽怯保守，因為對自己的決定沒有信心，寧可謹守安全範圍，缺乏對自己生命的主見與熱情，心中充滿恐懼與不安全感；三、尋找父母的代替品，跟著同儕走，以朋友的決定為依歸，變成過度依賴朋友。這時，一旦出現與朋友吵架、絕交、遭受排擠等人際相處的問題時，很容易引起強烈的情緒反應，甚至還出現封閉自己的

情況。

　　總之，以上三種情況，都不是父母所樂見的。為了培育孩子健康成熟的人格，從孩子小時候就尊重他的自主性，讓孩子學會自動自發、為自己負責任的習慣，是非常重要的。

醫師小叮嚀

很多父母擔心，孩子在青少年階段交到壞朋友。其實如果從小尊重孩子的自主性，訓練孩子關於是非對錯的準則，就不會輕易被外界環境所影響。

同時處理情緒和行為

　　青春期的孩子正處在「轉大人」的過渡時期，自主性的需求大幅增高，父母在管教的時候，更要把握言行合一、言教身教並重的原則，才可以讓孩子打從心裡認同和服氣。而且在糾正孩子的錯誤，或執行處罰時，一定要顧慮孩子的自尊和感受，尤其青春期的孩子很愛面子，如果不小心傷害了孩子的自尊，可能要花很多時間才能彌補這份傷痕。所以最好以尊重的態度，跟孩子討論他的錯誤，希望他能夠真心認錯和改過。

　　同樣的，父母本身犯錯，也要向孩子坦然承認錯誤，鄭重道歉。若父母用這種開放誠懇的態度來管教孩子，才可以建立良好的榜樣，讓孩子學習到承擔責任的勇氣。

　　各種研究已經指出，孩子的成長過程中，父母的管教方式會對孩子造成深遠的影響，因此適才適性的管教方式是很重要的。先了解孩子的個性，調整自己對孩子的合理期待，才能確立合宜的管教策略，達到管教的目的。

　　與孩子互動的過程中，父母必須覺察自身的態度和情緒。當孩子犯了錯，父母要先管理好自己的情緒，才能夠好好聆聽孩子的感受，了解孩子行為背後的原因，客觀公

平地作出處置。

在跟孩子溝通的過程中，父母要把握「同時處理情緒和行為」的原則，一方面同理孩子的負面情緒，一方面與孩子商討如何解決這次的犯錯行為。

面對青春期的孩子，若只是一味地拿出父母的權威進行責罰和管束，不僅無法真正解決孩子的行為問題，甚至會引起反彈，得不償失。

有些父母向我反應，孩子小時候親子互動明明很不錯啊，為何孩子上了國中之後，放學回家就躲進房間，不是玩電腦就是跟同學在網上聊天，都不和父母講話？為什麼孩子到了青春期就變了樣呢？

面對這樣的疑問，我通常會問父母，孩子小時候跟父母的關係「很不錯」，細節是什麼？是真的親子交流很親密嗎？或只是父母單方面的認定呢？

有些家庭很重視和孩子的關係，每天晚上一起吃飯，有說有笑，父母和孩子經常一起聊天，保持無話不談的習慣。直到孩子上了大學，仍然會願意跟父母分享心事，把父母當作最信任的人。這種親子關係的「好」，是雙方都覺得「很好」，彼此都有共識的「良好」。

相反的，有些父母口中的「良好親子關係」，卻是

父母單方面認定的好。比較典型的例子是：當孩子年幼時，很聽父母的話，父母不管說什麼，孩子都會乖乖做到，認真回應。然而，當孩子想和父母分享一些事情時，父母卻不一定認真傾聽，只是虛應故事：「喔，喔，知道了……」當孩子想要違逆父母的命令，或者跟父母有不同的意見時，父母並不當真或不認同，總是以權威或輕忽的態度，壓抑了孩子的自主性。父母覺得孩子很乖、很聽話，從不覺得親子之間有任何問題，這樣的「好」，就是父母單方面的一廂情願了。

孩子慢慢長大之後，再也不願意乖乖聽話，也知道父母不會看重他的需求、採納他的意見，因此也就懶得跟父母說話，寧可將注意力轉到好朋友和同學身上。

童醫師小叮嚀

管教孩子必須發揮同理心，理解孩子的難處，讓孩子感受到父母的關懷與支持。

其實，孩子的疏離和抗拒是家庭關係的一面鏡子，映照出長期以來的親子互動有某些問題需要去面對。只要願意承認問題，找出問題出在哪裡，努力改變和修復，還是可以拉近跟青春期孩子的距離，重新恢復情感的交流。

協助孩子釋放壓力

　　青少年階段是介於兒童和成人之間的過渡時期。這段時間，孩子的身心正在經歷巨大變化，加上功課的壓力、學校裡的同儕關係、情竇初開的煩惱等等，內心世界一下子變得非常複雜，不再像兒童階段那樣單純，只有二元的表現：開心或不開心、喜歡或不喜歡、害怕或不害怕。青春期孩子的情緒經常有很大的波動，卻不知道該如何敘述或表達，動不動就會出現鬧彆扭或發脾氣的莫名行為。

　　面對孩子不斷變化的複雜情緒，父母也會感到頭痛，摸不清孩子的心思，拿捏不定和孩子的相處模式，不小心就擦槍走火，很容易出現言語的摩擦或衝突。

　　這個階段的青少年確實很辛苦，要嘗試認識自己、了解世界、摸索生命的意義，也要學習獨自面對各種衝突和困惑，包括對自我的評價、與朋友的關係、跟父母和兄弟姊妹的溝通、學業的安排、未來的選擇等等。好像所有重要的人生課題，都逐漸迎面襲來。

　　父母與青少年相處時，除了關照孩子的課業之外，也要關心孩子的內在世界，包括他的情緒和思維，不要再把他們當作小孩子，對於他們的辛苦和壓力，要抱持著關懷

生命的意義到底是什麼？

爸媽常為錢爭執，好擔心……

喜歡隔壁的女生，要告白嗎？
好掙扎……

明年我要念普通高中
還是選職業學校？

麻吉同學心情不好，
要怎麼安慰他？……

與支持的態度。尤其有些孩子的個性比較害羞，不擅長表達自己，或有完美主義傾向，容易鑽牛角尖，一旦功課考不好、跟朋友有衝突或者情感受到挫折，就把事情放大，不懂得消化壓力和情緒。面對這樣的孩子，父母要更加敏銳和柔軟，用心觀察孩子的情緒變化，適時陪伴和開導，不要讓孩子鑽進死胡同裡，讓青春變得蒼白而憂鬱。

快 | 樂 | 童 | 年 | 好 | EQ | 小 | 常 | 識

青少年情緒變化多

　　董氏基金會的調查發現，逾九成的青少年曾經出現過「不喜歡自己」的困擾，即使是適應良好的青少年，也可能在一天之內出現情緒起伏過大或情緒混亂的狀況，甚至會發生突然憤怒的現象。因此，家中有青少年的父母，對於孩子的情緒變化要敏感些，適時給予孩子協助及關心，幫助他們以正向方式發洩情緒，才是根本之道。

焦慮或憂鬱多與壓力有關

　　若發現孩子壓力太大，出現反抗的行為或憂鬱的情緒時，父母要特別注意了。中學生的壓力來源，最常見的不外乎三種：與父母或家人相處的壓力、課業壓力、同儕間的人際壓力。父母可以透過跟孩子的聊天和討論，發現問題的根源，並且跟孩子一起研究如何適度紓壓。

　　如果壓力是來自父母的期待太高，孩子很怕達不到理想標準，那麼可以跟孩子一起討論，如何重新訂定適當的標準，既能增進孩子的參與感與能力感，又不至於造成太大的壓力和焦慮。如果壓力是來自父母經常爭吵，父母就要努力修正溝通模式，讓家裡的氣氛慢慢導向以坦誠溝通處理衝突的模式。如果壓力是來自學校課業，可以跟孩子討論時間的規劃、如何提高學習效率、如何紓壓等等。

　　最適合青少年的紓壓方式之一，就是運動。不論打球、游泳、跳舞、慢跑、爬山，都是很健康的活動，不但可以釋放壓力，還可以促進食慾，幫助睡眠。

　　另外，放鬆訓練也是很好的方式，例如「肌肉放鬆練習」，先把全身肌肉繃緊，用力握緊拳頭，幾秒之後，再讓全身肌肉突然放鬆。如此反覆練習幾次，就可以達到很

好的放鬆效果。更簡單的是「音樂放鬆」，可以讓孩子輕鬆坐著或躺下，聆聽放鬆的音樂，讓孩子學習從頭到腳慢慢放鬆身體，尤其孩子如果太焦慮而睡不好，輕柔的音樂可以幫助他在放鬆中進入睡眠，效果很不錯。

此外，每天都和孩子說說話，可以培養孩子的安全感，讓他願意把心裡話告訴爸媽。談話的目的在於建立親子之間的連結，也是幫助紓壓的好方法。

孩子沮喪或心情低落時，如果可以跟父母聊天，孩子會感覺到「爸爸媽媽很關心我，會一直陪伴我。他們最瞭解我的狀況，我什麼都可以跟他們說。」這樣的支持往往才是陪著孩子走出壓力、焦慮或憂鬱的最大動力。

當孩子充滿負面消極的情緒時，父母千萬不要受孩子的影響，變得不耐煩、動怒，或過度擔心憂傷。否則孩子會以為「原來我的負面情緒也會影響爸爸媽媽。那我還是不要跟他們說太多。」父母必須做孩子的穩定依靠，所以父母本身的EQ也非常重要。

關心孩子的同儕關係

在小學階段時，孩子什麼話都會跟父母說。到了青少年階段，孩子的重心開始改變，同儕成了孩子的主要傾訴對象。

隨著孩子年齡增加，同儕對孩子的影響力越來越大。當孩子待在家裡的時間越來越少，跟同學、朋友相處的時間越來越多，父母一定要關心孩子的交友狀況。父母可以多聽聽孩子說話，看他如何描述好朋友們，以及他們的相處模式。父母也可以觀察孩子和哪一類朋友處得好，又和哪一類朋友處不來？他選擇朋友的特質是什麼？與同儕相處時有沒有遇到什麼問題？……

跟同儕的友誼是孩子成長的重要養分。父母要注意的是，千萬不要隨便批評孩子的朋友，也不要過度干涉孩子的交友範圍，以及規定他只能結交什麼樣的朋友，不可以和哪些人做朋友。即使孩子跟朋友吵架了，父母最好也站在傾聽的立場，提供一些觀察和建議就好，不要太輕易論斷對方。

父母可以做的是，和孩子討論交朋友的方式，例如不需要討好、奉承、委屈自己，要保有自己的判斷力，不要

從眾或隨波逐流等等。也可以透過一些新聞事件或故事來和孩子討論，如果朋友對你有所要求，什麼範圍內的要求可以幫忙，哪些要求必須拒絕。更應該提醒或教導孩子，如果朋友提出讓人不舒服的要求，或有侵犯及霸凌情況，要如何反應及保護自己。

　　說故事是最好的教育方式。父母不妨分享自己的成長經驗，以前遇到類似問題是如何解決的，以具體例子跟孩子分享。

　　在親子溝通的時候，面對年紀越大的孩子，越要避免用「你應該……」或「你不可以……」的指導語氣。因為父母態度過於權威，可能會激起孩子的叛逆心理，故意朝相反方向而去。所以最好是採取建議、分享和開放討論的方式，青春期的孩子會比較願意接受，防衛心也會降低。

醫師小叮嚀

當孩子進入青春期，想要改變青少年的行為，光靠行為規範是不夠的，和孩子擁有足夠信任的基礎及穩固的親子關係，才是教養的根本之道。

青春期與憂鬱症

　　現在青少年憂鬱的現象似乎越來越普遍，讓許多父母擔心。我想以一個案例來加以說明。

【憂鬱的文華】

　　就讀國三的文華（化名）到醫院就診。他從小成績不錯，到了國三開始抱怨功課壓力大，心情低落。起初父母認為孩子的表現還算是正常範圍內，所以並不在意，只是安慰他適應學業壓力需要一些時間：「平常心、放輕鬆，才會發揮最大的潛力。」

　　但在半年之內，文華的情緒卻越來越低落，經常感到疲累，專注力減退，屢次向父母表示不想上學。父母認為這是逃避行為，氣急敗壞地把他硬拖著去學校。

　　父母和孩子因為上學問題產生衝突，在激烈爭吵之下，文華爬上陽台，揚言要跳樓。文華也提到，在學校有時會浮上傷害自己的念頭，但未曾付諸行動。這時父母才發覺事態嚴重，趕快帶文華來精神科門診就醫。經過詳細評估之後，確定文華的症狀已符合臨床上憂鬱症的診斷。

　　憂鬱症的形成是由許多問題混雜而成，每個問題都有彼此牽連的因果關係。例如這則案例，起因是外在的功課壓力，壓力累積久了，造成憂鬱症狀，漸漸出現不想上學的念頭。然而「不想上學」卻成了他與父母之間的導火線，激烈的衝突帶來更大的壓力，讓他做出自我傷害的行為。從壓力大、心情沮喪、拒絕上學、親子衝突到自我傷害，環環相扣，相互關聯。

　　在治療青少年憂鬱症患者時，除了適度地透過藥物將憂鬱症狀減輕，同時也要了解孩子在課業、家庭方面遇到的困難，以及自我傷害的動機，找出根源加以紓解，才可以達到治癒的最終目標。

　　面對有憂鬱症狀的青少年，心理的支持是很重要的。所以我建議父母和文華討論時，最好不要用衝動或壓迫的方式，以免對孩子造成過多的情緒刺激；先接納孩子的情緒和感受，再以同理心的方式來開導。

　　尤其是有自我傷害念頭的孩子，更要小心處理。許多父母會被這樣的行為嚇壞了，不是大罵孩子，就是憂心忡忡，甚至以淚洗面，但這樣都對孩子沒有幫助。父母要先穩定自己的情緒，然後以溫和而堅定的態度，和孩子好好談一談。

憂鬱症最明顯的症狀

1. 感到憂鬱、心情低落，對所有活動都喪失興趣，越來越不快樂。例如以前很喜歡玩電腦遊戲、吃東西、逛街、看漫畫等，現在卻覺得一切都索然無味；以前很愛上網、跟人聊天，現在卻意興闌珊。
2. 睡不好，也不太想吃東西。感覺很疲累，覺得自己沒有價值，專注力減退，跟人講話會經常恍神。情緒低落，有時候會沒來由地傷心哭泣。最嚴重的，還會出現自我傷害的意念。

　　如果擔心孩子想不開，可以試著轉移孩子的心情，問他：「你對未來有什麼夢想或計畫？」一開始，孩子可能因為抗拒或情緒低落，搖頭不願回答。父母要耐著性子，給孩子時間，讓他好好想想。

　　以文華為例，一開始他說自己沒有任何夢想，後來終於想到了：「畢業後很想出國去玩。」從這樣的回答中，

父母就可以稍微安心一點，並且站在這個基礎上，給予孩子鼓勵，訂定暑假的旅行計劃，提升孩子對未來的期待和動力，自我傷害的危險性就降低了。

我也提醒父母，「上學」並不是一道是非題，而是要把它轉化為選擇題。父母要跟孩子一起跳脫二元化的思考邏輯。

當上學變成是非題，只有兩個選項：「上學」或「不上學」，非黑即白，這樣父母和孩子就會一直站在對立面，因為彼此沒有交集而衝突不斷。至於要如何才能協調父母和孩子的想法，扭轉對立衝突的思考方式呢？

我們不妨換個角度跟孩子討論，例如可以問文華：「當你在學校，情緒突然很低落而無法繼續待在教室上課時，除了請假回家之外，有沒有其他地方可以幫助你心情放鬆一些？」

「輔導室。還有保健室。」文華想到了兩個可以幫助他的好地方，而且都在校園之內。這都是很好的選項，既符合上學的要求，又可以讓他暫時脫離教室的壓力，稍事喘息。

接下來，父母可以跟文華和老師達成一個協議：當文華無法負荷身心的壓力，負面情緒突然升高時，可以去輔

導室自修，等到心情好一點再回教室。只要適度擴充「上學」的定義，提供彈性的措施，就可以找到紓解壓力之道，父母和孩子雙方也找到可以溝通的共同交集。

　　家長請盡量避免把問題簡化成「要」或「不要」兩種答案，為孩子創造一些具彈性的中間選項，引導孩子思考下一步要怎麼走，這樣才不會糾結在壓力情緒之中。

　　幸運的是，在經過一段時間的治療和會談之後，文華逐漸回復正常的學習生活。這是最好的選擇，因為一旦和學校生活脫節了，以後要再回到學校的困難度就會提高。最後父母終於以彈性的態度，幫助文華度過了國三的憂鬱風暴。

　　從文華的例子當中，我想跟讀友分享的是，青少年憂鬱症並不可怕。只要父母、老師和孩子一起努力，就可以讓青春的心靈恢復色彩，重新迎接燦爛陽光。

【 結語 】

教養孩子是一份愛的祝福

　　讀完這本書之後，很多父母可能會覺得，「哇！教養孩子真的需要這麼辛苦、花這麼多力氣嗎？還要考慮什麼歸屬感、價值感、能力感這些因素，不是讓孩子好好讀書、行為端正就夠了嗎？」

　　父母心中總是對孩子有些期待，希望孩子很乖、很聽話、功課很好等，這是多數父母心中期待的「夢幻孩子」。偷偷告訴爸爸媽媽一個小祕密，其實孩子心中也有一個「夢幻父母」，所謂的「夢幻父母」，就是孩子可以依照自己的喜好做任何事情，所有想要的禮物都可以獲得；不需要承擔任何責任，爸爸媽媽都會幫忙收拾爛攤子。因此，每當父母問我，教養孩子真的需要這麼累嗎？我的回答通常是：如果你不訓練孩子，孩子會反過來訓練你；孩子會用哭鬧、耍賴等等方式，訓練爸爸媽媽成為他心目中的「夢幻父母」。

　　另外一方面，教養孩子不只是讓孩子的生命更加成熟，教養孩子的過程也會讓父母的生命更加成熟。成長、成熟不是單方面的，當孩子越來越成熟和長大時，父母的生命也會越發成長和豐富，怎麼說呢？

　　「愛的真諦」這首詩歌，相信大家耳熟能詳，歌詞裡寫著「愛是恆久忍耐又有恩慈，愛是不忌妒……」，意思就是說，當每個人在付出關懷的同時，自己也會變得忍耐、恩慈、不輕易發怒、更加成熟。而且這首歌的第一句是「愛是恆久忍耐」，結尾是「凡事忍耐」，也正好可說明「愛」的起點是忍耐，「愛」的終點也是忍耐。對一個人的愛有多少，並不是跟所送禮物的貴重成正比，而是和對他的忍耐（或包容）有多少成正比。

　　父母對孩子付出關心、愛心的同時，也是一個學習在忍耐中教養孩子的過程，而父母自己也會在這樣的過程中成長。父母越有耐心陪伴孩子成長，也就越能培養出愛的性格，自己的生命也因而更加豐富。確實，教養孩子不但是我們人生的偉大使命，更是我們人生的美好祝福。

【附錄】

延伸閱讀

- 《10~14歲青少年，你在想什麼？》，2012，芮貝佳・伯格斯、瑪格・瓦戴爾（Rebecca Bergese、Margot Waddell），心靈工坊。
- 《好父母是後天學來的》，2012，王浩威，心靈工坊。
- 《給媽媽的貼心書》，2009，唐諾・溫尼考特（Donald W. Winnicott），心靈工坊。
- 《我的孩子得了憂鬱症：給父母、師長的實用指南》，2005，法藍西斯・孟迪爾（Francis Mark Mondimore），心靈工坊。
- 《孩子如何成功：讓孩子受益一生的新教養方式》，2013，保羅・塔夫（Paul Tough），遠流。
- 《教養不是作戰》，2013，蘇珊・史帝佛曼（Susan Stiffelman），大好書屋。
- 《不失敗父母》，2013，山谷修，文經社。
- 《法國媽媽的從容教養100招》，2013，安妮・芭居絲（Anne Bacus），如何。
- 《媽媽必修的不完美學分》，2012，梅格・米克（Meg Meeker），遠流。
- 《P.E.T 父母效能訓練》，2012，湯瑪斯・高登（Thomas Gordon），新雨。
- 《勇於管教》，2012，詹姆斯・杜布森（James C. Dobson），愛家文化。
- 《小孩的宇宙》，2011，河合隼雄，天下雜誌。
- 《走進小孩的內心世界》，2011，河合隼雄，天下雜誌。

- 《教養，無所不在》，2011，李偉文，遠流。
- 《這樣教，小皇帝變成好孩子》，2011，
  麥可‧溫特霍夫（Michael Winterhoff），野人文化。
- 《做孩子的心靈捕手》，2010，阿部秀雄，世茂。
- 《用對方法，教出懂事小孩》，2010，伊莉莎白‧潘特利（Elizabeth Pantley），
  信誼。
- 《每個孩子都能學好規矩》，2009，安妮特‧卡斯特尚（Annette Kast-Zahn），
  天下雜誌。
- 《正面教養，我把孩子變乖了》，2009，艾倫‧凱茲丁（Alan E. Kazdin），
  新手父母。
- 《慢的教育》，2008，卡爾‧歐諾黑（Carl Honore），大塊文化。
- 《媽媽是最初的老師》，2007，蔡穎卿，天下文化。
- 《為孩子立界線》，2002，亨利‧克勞德、約翰‧湯普森（John Townsend
  & Henry Cloud），道聲。

大地上的受苦者

在全球化對弱勢地區已然形成新殖民剝削的今天，法農的諸多觀點，都能讓我們看清當前的許多現象，原是源自整個殖民主義／資本主義的淵藪。

弗朗茲・法農⊙著
楊碧川⊙譯　MA036/352頁/定價420

品德深度心理學

結合東方與西方的靈性學說，以榮格學派為工具，深入探索品德深度心理學的第一本專著。

約翰・畢比⊙著
魯宓⊙譯　MA037/184頁/定價280

精神醫學新思維
【多元論的探索與辯證】

作者針對多元論模式的優點，並進行明確清晰的哲學探討。帶領讀者完整探究這門專業的各個面向，並建議如何從多元論的角度來瞭解精神疾病。

納瑟・根米⊙著
陳登義⊙譯　MA038/472頁/定價600

榮格心理治療

榮格心理學實務最重要的著作！馮・法蘭茲是榮格最重要的女弟子，就像榮格精神上的女兒，她的作品同樣博學深思，卻無比輕柔，引人著迷，讓我們自然走進深度心理學的複雜世界。

瑪麗—路意絲・馮・法蘭茲⊙著
易之新⊙譯　MA039/320頁/定價380

瘋狂與存在
【反精神醫學的傳奇名醫 R.D. Laing】

★特別推薦：王浩威、楊明敏推薦，陳登義審閱

英國精神科名醫 R.D. 連恩，被譽為繼佛洛伊德、榮格之後最有名的心理醫師。他的反叛意識和人道主義觀點深深影響了一整個世代的年輕治療師。

安德烈・連恩（Adrian Laing）⊙著
連芯⊙譯　MA040/416頁/定價420

沙灘上的療癒者
【一個家族治療師的蛻變與轉化】

★台灣家族治療教母重量級著作！
★吳靜吉、吳武典、吳英璋推薦！

吳就君老師溫暖、真誠、開放的個人風格，為「如何成為一位有人味的治療師」做出了最佳示範。

吳就君⊙著　MA041/288頁/定價320

輕舟已過萬重山
【四分之三世紀的生命及思想】

本書描述了前衛生署長李明亮教授的成長境遇、人生體悟、教育思想與生命觀念，更是「一個知識份子的流浪記」，侃侃道來自身的流浪路程：從最初的最愛哲學出發，接著朝向醫學、生物學、化學，再進入物理、數學，終歸又回到哲學，淡泊明志中可見其謙沖真性情。

李明亮⊙著　MA042/384頁/定價450

哈利波特與神隱少女
【進入孩子的內心世界】

作者是一位長期關心孩童的榮格學派臨床心理醫師，透過「哈利波特」與「神隱少女」的故事，對家庭教養、學校教育、東西方神話學提出獨到的見解。

山中康裕⊙著，王真瑤⊙譯
邱敏麗⊙審閱　GU001/248頁/定價260

給媽媽的貼心書

本書內容是兒童精神分析大師溫尼考特醫師在英國國家廣播公司的系列講座節目，至今仍為父母必備的育兒指南。

唐諾・溫尼考特⊙著，朱恩伶⊙譯
王浩威⊙審閱　GU006/336頁/定價360

我不壞，我只想要愛

高雄市學生心理諮商中心邀請中心的督導、專任人員、心輔人員與諮商心理師，以深入淺出的方式，細膩敘說42則故事主人翁的小小心靈。

高雄市學生心理諮商中心⊙著
GU007/304頁/定價300

【了解你的孩子】系列（全四冊）

★英國最具權威的家庭心理健康機構：塔維斯托克診所（The Tavistock Clinic）企劃出版
★親子互動必讀聖經！
★林怡青醫師⊙審閱
★特別推薦：王浩威、林玉華、周仁宇、莊裕安、陳質采、鄧惠文、樊雪梅
★《BabyLife育兒生活雜誌》、BabyHome 網站推薦！

0-2 歲寶寶想表達什麼？

根據無以計數的嬰幼兒觀察經驗，帶領讀者走過從懷孕開始的各個階段。

蘇菲・波斯威爾…等⊙著
林苑珊⊙譯　GU008/288頁/定價320

3-5歲幼兒為什麼問不停？

孩子是如何脫離學步期，又如何擴展他們的社交環境及發展情感世界，作者針對不同主題提供詳盡的引導說明，包括規矩的養成。

露蒂絲・艾曼紐…等◎著
楊維玉◎譯　　　　GU009/256頁/定價300

6-9歲孩子，為何喜歡裝大人？

孩子如何成長與改變？如何面對遭遇到的問題？例如霸凌、閱讀障礙、父母離異及交友困難等，本書詳細解析孩子們的心理思維及情緒起伏。

柯琳・艾維斯、碧蒂・由耶爾◎著
楊維玉◎譯　　　　GU010/248頁/定價300

10-14歲青少年，你在想什麼？

孩子由兒童期進入青春期的這個過程階段，青少年不斷測試爸媽的管教界限，到底家長可以給予孩子多少獨立空間？

芮貝佳・伯格斯、瑪格・瓦戴爾◎著
楊維玉◎譯　　　　GU011/248頁/定價300

河經

★博客來網路書店「心靈養生類」圖書
★年度推薦100、聯合報書評、誠品好讀推介、網路與書雜誌選書

本書呈現印度的多元文化、靈性啟示、深刻思維，媲美赫曼・赫塞的《流浪者之歌》！

吉塔・梅塔◎著
陳念萱◎譯　　　　ST002/264頁/定價280

毘濕奴之死

當他的靈魂緩緩上升時，這棟樓裡所發生的一切，全都看在他的眼裡…。本書集譏諷慧黠的特色，深具靈性啟示。

曼尼爾・蘇瑞◎著
陳念萱◎譯　　　　ST003/304頁/定價280

叔本華的眼淚

精神醫學大師歐文・亞隆深刻探觸存在與死亡的心理療癒小說，巧妙地將存在主義哲學家叔本華的一生和標準的團體治療過程交錯編織。

歐文・亞隆◎著
易之新◎譯　　　　ST004/416頁/定價380

深夜加油站遇見蘇格拉底

★獲選行政院衛生署2009健康好書

了解人存在的終極意義，教導你如何成為精神勇士。本書是轟動全美、改變無數生命的心靈聖經，暢銷百萬冊，全球翻譯近三十種語言！

丹・米爾曼◎著，韓良憶◎譯
電影版封面/ST006/280頁/定價260

藍色小孩

本書以心理治療師與精神疾病患者之間的溝通對話為主題，深入探討藝術與創傷治療微妙幽冥的互動，文字徘徊在瘋癲與恩典的邊緣，勾勒出想像力與殘酷現實的關係。

亨利・柏修◎著
林德祐◎譯　　　　ST007/376頁/定價380

悲傷先生的指南針

★王志宏、張德芬、鄭華娟 強力推薦

從你所在之處，到你想要所處之境。失去方向的人生，就像迷了途的船舶。北極星雖永恆不變，卻也有被黑暗遮蔽的時候；或是你選擇跟隨內在的指南針，展開一場意外的旅程？

約翰・史賓塞・艾利斯、譚米・克林◎著
林婉華◎譯　　　　ST008/256頁/定價280

世上最差勁的佛教徒

瑪莉・派佛以特有的坦誠、謙卑，探索一生的課題：身為一個女兒、母親、妻子、治療師和追尋者。經歷漫長的探索，她終於找到畢生渴望的寧靜與安適。

瑪莉・派佛◎著
江麗美◎譯　　　　ST009/272頁/定價320

深夜加油站遇見蘇格拉底（漫畫版）

在神祕老勇士的引導，丹展開了一趟英雄冒險旅程，跨入光明與黑暗交織的世界，開啟了一條悟道之路，最終面對一場或毀滅或解脫的殊死戰。

丹・米爾曼◎著
廖婉如◎譯　　　　ST010/192頁/定價220

鹿智者的心靈法則

在本書，作者透過和一位虛構的智者間的一連串對話，呈現字字珠璣的心靈法則——這位智者是一位優雅、慈悲、具同理心的女性，透過自然世界的寓意來教導人生的真理。

丹・米爾曼◎著，法瑞茲斯・張◎譯
ST011/176頁/定價220

躁鬱症完全手冊

★行政院衛生署國民健康局「2007健康好書‧閱讀健康」心理健康類推介獎
★《今日心理學》雜誌好評推介、破報新書介紹

帶你了解躁鬱症的成因、癥狀與醫療方式，及躁鬱症對兒童及青少年的影響…

福樂‧托利‧麥可‧克內柏⊙著
丁凡⊙譯
湯華盛⊙審閱　　　SH010/448頁/定價500

老年憂鬱症完全手冊
【給病患、家屬及助人者的實用指南】

★廖榮利、孫越、黃正平、胡海國、王浩威、陳韺推薦

本書以平實易懂的文字，為關心老年憂鬱症的讀者提供完整實用的豐富資訊。

馬克‧米勒、查爾斯‧雷諾三世⊙著
李淑珺⊙譯、湯華盛⊙審
王浩威⊙策劃、台灣心理治療學會⊙合作出版
SH011/288頁/定價320

酷兒的異想世界

國內第一本介紹酷兒青少年成長需求的心理專書，是父母和師長的教養手冊，也是專業助人者的實用指南。

琳達‧史東‧費雪‧雷貝卡‧哈維⊙著
張元瑾⊙譯　　　SH012/328頁/定價380

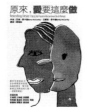

原來，愛要這麼做

本書為身陷無性婚姻深淵、吃盡苦頭的夫妻指引一條明路。書中提出一套循序漸進的做法和實用的技巧，是一本顧及生理與心理兩大層面、觀點周全且深入淺出的「性愛大全」。

巴瑞‧麥卡錫‧艾蜜莉‧麥卡錫⊙著
廖婉如⊙譯　　　SH013/288頁/定價320

是躁鬱，不是叛逆

由美國躁鬱症權威醫師、心理治療師聯手寫作，閱讀本書可了解青春期躁鬱症的種類、症狀，了解如何在藥物和心理治療間找到平衡，以及認識發病的早期跡象、尋求和學校有效合作的可能。

大衛‧米克羅威茲、伊利莎白‧喬治⊙著
丁凡⊙譯　　　SH014/352頁/定價380

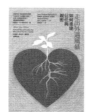

走出外遇風暴
【如何重建信任與親密】

★外遇療癒終極聖經

外遇似乎是愛情的絕症。但其實，危機也可以是轉機，外遇是伴侶重新鞏固感情的絕佳機會。

珍妮絲‧亞伯拉罕‧史普林、麥可‧史普林⊙著
林婉華⊙譯　　　SH015/336頁/定價350

哭泣的小王子
【給童年遭遇性侵男性的療癒指南】

★第一本專門為男人而寫的經典之作

本書關注曾經遭遇亂倫或性侵的男性受害者，探討性虐待所造成的影響，了解成年男性倖存者的痛苦、需求、恐懼和希望，以及尋找從中復原的方法。

麥可‧陸⊙著、陳郁夫、鄭文郁等⊙譯
洪素珍、林妙容⊙審閱
SH016/384頁/定價400

愛我，就不要控制我
【共依存症自我療癒手冊】

梅樂蒂‧碧媞，可說是自我成長類書籍的教主。25年前，她讓全世界認識了「共依存」這個詞，今天，她以本書澄清人們對於共依存症的誤解，也發現了共依存行為如何轉變，為新世代提供了通往身心健康的指引。

梅樂蒂‧碧媞⊙著
蘇子堯、許妍飛⊙譯　　　SH017/288頁/定價320

陪孩子面對霸凌
【父母師長的行動指南】

面對霸凌，我們不必過度恐慌。因為，霸凌是學來的行為，它同樣可透過學習而修正、改變。霸凌包含了三種角色：小霸王、出氣筒、旁觀者。本書更追本溯源，探討家庭環境對孩子性格的影響，以及學校該如何輔導處置。

芭芭拉‧科婁羅索⊙著
魯宓、廖婉如⊙譯　　　SH018/264頁/定價280

教我如何原諒你？

全書以豐富的個案故事，涵蓋親子、師生和夫妻之間的背叛傷痕；擺脫陳腔濫調，在原諒和不原諒之間，呈現動態的連續光譜。充滿力量的嶄新觀點，讓受苦雙方跳出漩渦，踏上真誠和解之路！

珍妮絲‧亞伯拉罕‧史普林、麥可‧史普林⊙著
許琳英⊙譯　　　SH019/336頁/定價360

臺大醫師到我家‧精神健康系列

快樂童年好EQ：培養開朗自信的孩子
How to Establish Healthy Self-Image of Your Kids
through Parenting

作　　者—商志雍（CHI-YUNG SHANG）

總 策 劃—高淑芬
主　　編—王浩威、陳錫中
合作單位—國立臺灣大學醫學院附設醫院精神醫學部
贊助單位—財團法人華人心理治療研究發展基金會

出 版 者—心靈工坊文化事業股份有限公司
發 行 人—王浩威　　　總 編 輯—王桂花
文稿統籌—莊慧秋　　　主　　編—黃心宜
文字整理—陳怡樺　　　文稿協力—許琳英
特約編輯—王祿容　　　美術編輯—黃玉敏
內頁插畫—吳馥伶

通訊地址—106 台北市信義路四段53巷8號2樓
郵政劃撥—19546215　　　戶名—心靈工坊文化事業股份有限公司
電話—02）2702-9186　　　傳真—02）2702-9286
Email—service@psygarden.com.tw
網址—www.psygarden.com.tw

製版‧印刷—中茂製版分色印刷事業股份有限公司
總經銷—大和書報圖書股份有限公司
電話—02）8990-2588　　　傳真—02）2990-1658
通訊地址—242台北縣新莊市五工五路2號（五股工業區）
初版一刷—2014年5月　ISBN—978-986-357-002-8　定價—240元

國家圖書館出版品預行編目（CIP）資料

快樂童年好EQ：培養開朗自信的孩子／商志雍作. -- 初版. -- 臺北市：
心靈工坊文化，2014.05
　　面；公分（MH；7）
　　ISBN 978-986-357-002-8（平裝）

　　1. 親職教育　2. 子女教育　3.自信

528.2　　　　　　　　　　　　　　　　　　　　103007551

心靈工坊 書香家族 讀友卡

感謝您購買心靈工坊的叢書，為了加強對您的服務，請您詳填本卡，
直接投入郵筒（免貼郵票）或傳真，我們會珍視您的意見，
並提供您最新的活動訊息，共同以書會友，追求身心靈的創意與成長。

書系編號—MH 007 **書名—快樂童年好EQ：培養開朗自信的孩子**

姓名 _____ 是否已加入書香家族？ □是 □現在加入

電話（O）_____ （H）_____ 手機 _____

E-mail _____ 生日 年 月 日

地址 □□□ _____

服務機構（就讀學校）_____ 職稱（系所）_____

您的性別—□ 1. 女 □ 2. 男 □ 3. 其他

婚姻狀況—□ 1. 未婚 □ 2. 已婚 □ 3. 離婚 □ 4. 不婚 □ 5. 同志 □ 6. 喪偶
□ 7. 分居

請問您如何得知這本書？
□ 1. 書店 □ 2. 報章雜誌 □ 3. 廣播電視 □ 4. 親友推介 □ 5. 心靈工坊書訊
□ 6. 廣告 DM □ 7. 心靈工坊網站 □ 8. 其他網路媒體 □ 9. 其他

您購買本書的方式？
□ 1. 書店 □ 2. 劃撥郵購 □ 3. 團體訂購 □ 4. 網路訂購 □ 5. 其他

您對本書的意見？

封面設計	□ 1. 須再改進	□ 2. 尚可 □ 3. 滿意	□ 4. 非常滿意
版面編排	□ 1. 須再改進	□ 2. 尚可 □ 3. 滿意	□ 4. 非常滿意
內容	□ 1. 須再改進	□ 2. 尚可 □ 3. 滿意	□ 4. 非常滿意
文筆／翻譯	□ 1. 須再改進	□ 2. 尚可 □ 3. 滿意	□ 4. 非常滿意
價格	□ 1. 須再改進	□ 2. 尚可 □ 3. 滿意	□ 4. 非常滿意

您對我們有何建議？

_____

_____

_____

廣　告　回　信
台北郵局登記證
台　北　廣　字
第　1143　號
免　貼　郵　票

10684 台北市信義路四段 53 巷 8 號 2 樓
讀者服務組　收

免　貼　郵　票　　　　　　　（對折線）

加入心靈工坊書香家族會員
共享知識的盛宴，成長的喜悦

請寄回這張回函卡（免貼郵票），
您就成為心靈工坊的書香家族會員，您將可以──

隨時收到新書出版和活動訊息
獲得各項回饋和優惠方案